雪域文博选集

XUEYU WENBO XUANJI

刘志清 著

辽宁民族出版社

图书在版编目（CIP）数据

雪域文博选集 / 刘志清著. —沈阳 : 辽宁民族出版社, 2019.4

ISBN 978-7-5497-2010-1

Ⅰ. ①雪… Ⅱ. ①刘… Ⅲ. ①文物工作-西藏-文集 ②博物馆-工作-西藏-文集 Ⅳ. ①G269.277.5-53

中国版本图书馆CIP数据核字（2019）第048802号

雪域文博选集
XUEYU WENBO XUANJI

出版发行者：辽宁民族出版社
地　　　址：沈阳市和平区十一纬路25号　邮编：110003
印　刷　者：辽宁鼎籍数码科技有限公司
幅 面 尺 寸：145mm × 210mm
印　　　张：8.25
字　　　数：200千字
出 版 时 间：2019 年 4月第 1 版
印 刷 时 间：2019 年 4月第 1 次印刷
责 任 编 辑：金顺玉
封 面 设 计：杜　江
责 任 校 对：侯俊华

标 准 书 号：ISBN 978-7-5497-2010-1
定　　　价：55.00 元

网址：www.lnmzcbs.com　　邮购电话：024-23284335
淘宝网店：http://lnmz2013.taobao.com
如有印装质量问题，请与出版社联系调换　　联系电话：024-23284340

经典金句（代序）

“在中华民族的几千年的历史中，产生了很多的民族英雄和革命领袖。所以，中华民族又是一个有光荣的革命传统和优秀的历史遗产的民族。”

“中国不能没有少数民族。”

——毛泽东

“我们认为，所有的民族都是优秀的、勤劳的、有智慧的，只要给他们发展机会；所有的民族都是勇敢的、有力量的，只要给他们锻炼机会。”

“我们将来，也要建立民族学博物馆。”

——周恩来

“我国各兄弟民族经过民主改革和社会主义改造，早已陆续走上了社会主义道路，结成了社会主义的团结友爱、互助合作的新型民族关系。”

“民族问题很重要。”

——邓小平

“我国是统一的多民族国家。各民族多元一体，是老祖宗留给我们的一笔重要财富，也是我们国家的重要优势。”

“解决好民族问题，物质方面的问题要解决好，精神方面的问题也要解决好。”

“全面实现小康社会，一个民族都不能少。”

——习近平

目录

第一部分　祖国领土

西藏是中国领土不可分割的一部分文物陈列

（1961年8月于罗布林卡十三世达赖喇嘛小经堂）

前　言

西藏历来就是中国领土不可分割的一部分。藏族是具有悠久历史的优秀民族。西藏经历过原始、奴隶与封建农奴社会制度，1959年废除农奴制，逐渐走上社会主义康庄大道。

为了让各民族特别是藏族人民了解西藏与祖国内地悠久的渊源关系，共同建设我们伟大祖国和美好的西藏，依据现有历史文献、文物资料，特地在此组织“西藏是中国领土不可分割的一部分文物陈列”。目前暂定为内部文物陈列。随着考古新发现，文物文献工作深入开展，并不断学习，加强科研，提高水平，随之逐渐扩大开放，组织展出。

第一单元　西藏原始社会时期

单元说明： 早在数万年前，西藏高原就有人类活动。古老传说与文献记载的，猕猴变人即是例证。藏、汉文献就有藏族先民已经创造并使用石器、木器、骨器、陶器纪实。这在林芝、定日、聂拉木、墨脱、昌都、拉萨发现并收集到的旧石器、细石器、新石器时代文物标本与遗址得到充分印证。数千年前，在西藏山南即有数十余规模不等的部落群。西藏原始社会时期，与同一时期内地文化有着千丝万缕的联系，乃涵共生同源的关系。

文物文献（均为复制件或文照）：旧石器文化石器二件，细石器文化石器一件，新石器文化石器三件。

壁画图片：西藏山南泽当县“猴子洞”。

文献图片：藏文史书记载原始部落状况。

第二单元　西藏奴隶制社会时期与中原王朝亲密关系

单元说明：西藏进入奴隶制，吐蕃王朝兴起，藏族逐步形成。与此同时，同中原内地唐、宋两代政治上“和同一家”，经济上“茶马互市”，文化上充分交流，宗教上频繁互传，为缔造伟大中华民族做出了贡献。

文献图片：《新唐书》关于封松赞干布为驸马都尉、西海郡王、赛王的记载。

《宋史》关于封授吐蕃首领嗔期罗为“宁远大将军”的记载。

《旧唐书》关于唐蕃联姻的记载。

《旧唐书》关于贞观十五年（601）文成公主入吐蕃的记载。

《旧唐书》关于景龙四年（710）送金城公主入吐蕃的记载。

《册府元龟》关于金城公主请赐《毛诗》《杉记》《左诗》《文选》各一部的记载。

《宋史》关于与吐蕃兴商贸，置“茶马互市”的记载。

文物图片：文成公主由长安运至吐蕃的释迦牟尼佛像。

唐长庆三年（823）立于大昭寺的“唐蕃会盟碑”。

文物实物：文成公主入吐蕃时，带进唐代乐器两件（存在寺内）。

为文成公主入吐蕃，吐蕃大臣禄东赞敬奉给唐太宗高七尺可盛三斛酒的“黄金酒鹅器”。

唐代著名画家阎立本精绘《步辇图》（复制件），画中为唐太宗会见吐蕃使节禄东赞情景。

第三单元　封建农奴制社会时期历代中央政府直辖西藏地方行政

单元说明：13世纪伊始，西藏进入封建农奴制社会，藏传佛教进入全新发展阶段。除了西藏自身能力作用外，自蒙古族建立起中央政权即元朝中央及后元历代中央强力推进，不仅结束了长达四百年的分割局面，西藏社会在政治、经济与文化也得到了很大的发展，并且与祖国各民族的关系更加紧密，受中央政府直辖治理亦更加一体。继数千年的惯性，不断地巩固着西藏是中国神圣领土。

一、元朝时代

文献图片：《元史》关于萨迦班智达觐见窝阔台的场景。

《萨迦世系史》关于萨迦班智达致全藏僧侣诸首领的信。

《元史》关于元中央设置全国“宣政院”令八思巴掌管其政及全藏政教事务的记载。

《五世达赖喇嘛传》关于元中央在全藏清查户口的记载。

《萨迦世系史》关于元中央命令八思巴掌管“西藏十三万户府”的记载。

《元史》关于元中央封八思巴为“大元帝师”的记载。

壁画图片：布达拉宫、罗布林卡等处壁画，描绘元世祖忽必烈会见八思巴的情景。

文物实物：八思巴为元中央创制新蒙文字（复制件）。

元世祖忽必烈赐予八思巴的盔甲。

八思巴传记，元帝师法旨。

元世祖赐西藏白兰王金印。

元中央封亦思麻八甘军民万户府铜印。

元中央颁发西藏“大宝法王”“大元帝师”玉印。

二、明朝时代

文献图片：《明会典》关于明中央设置西藏地方官员封职的记载。

《明宣宗实录》关于西藏人士在元朝中央任职的记载。

《明神宗实录》关于中央政府封授锁南坚错为“三世达赖喇嘛”的记载。

文物图片：帕莫主巴强久江村传记。

帝师释迦也夫缂丝绣像。

黄教创始人、高僧宗喀巴佛像。

文物实物：明开国皇帝朱元璋于洪武八年颁予西藏楚布寺的赐书。

明太祖赐封授灌顶国师阐化王的封文（复印件）。

明世宗赐封授灌顶国师阐化王的象牙印（复制件）。

明封如来大宝法王玉玺印（复制件）。

三、清朝时代

文献图片：《清世祖实录》关于五世达赖喇嘛入京的记载。

《清世祖实录》关于册封五世达赖喇嘛记载。

《清世宗实录》关于自雍正五年（1727）正式设立驻藏大臣的记载。

描绘慈禧太后会见十三世达赖喇嘛场景。

壁画图片：布达拉宫、罗布林卡关于清顺治皇帝会见五世达赖喇嘛画面。

文物图片：清中央政府驻藏大臣衙门（现西藏军区内）。

清康熙、乾隆帝为西藏各民族抵抗外敌、保卫国家安全所建立的“记功碑”（布达拉宫前广场）。

藏族抗英将领莱丁代本召见英帝官员情景。

文物实物：乾隆三十三年（1768），赠格鲁派创始人宗喀巴大师“绣龙盔甲御衣”（原件）。

乾隆五十八年（1793）颁布关于全面治藏的《钦定二十九条章程》（藏文手抄本）。

清中央政府颁布关于选定达赖、班禅等大活佛转世灵童的

"金奔巴瓶"及牙签。

清中央政府颁发给十三世达赖喇嘛金册金印（复制件）。

清中央政府颁发给九世班禅额尔德尼的金册金印（复制件）。

1904年抗击英帝国主义侵略西藏战争，藏族人民使用过的武器有枪、木棒等。

四、民国时代

文献图片：1911年武昌起义成功后，《孙总统宣言书》关于"国家之本，在于人民，合汉、满、蒙、回、藏诸地为一国，则合汉、满、蒙、回、藏诸族为一人，是曰民族之统一"的记载。

关于"中华民国大总统命令"西藏地方驻京堪布给民国中央政府呈文的记载。

关于1922年总统发布恢复十三世达赖喇嘛为"诚顺赞化西天大善自在佛"的封号。

关于1923年加封九世班禅额尔德尼命令的记载。

以上均系《东方杂志》记载。

文物图片：1934年，九世班禅出席民国政府国大代表会，并被选为民国政府委员。

西藏地方政府摄政、司伦给民国中央政府的呈文（复制件）。

1940年，民国中央政府命令蒙藏委员会委员长吴忠信赴拉萨主持十四世达赖喇嘛坐床典礼。图为吴忠信与十四世达赖喇嘛转世灵童拉木登珠合影。

文物实物：民国中央政府追封十三世达赖喇嘛的玉册（复制件）。

民国中央政府颁发给九世班禅的金册（复制件）。

第四单元　中国共产党领导西藏人民开辟西藏历史发展新时期

单元说明： 中国共产党领导各民族人民历经艰苦卓绝的奋斗，迎来了1949年中华人民共和国的诞生，国内各民族人民从此逐步迈入平等团结的民族大家庭时代，西藏各民族一步一步走向太阳，走向光明。

文献图片： 党中央、毛主席关于“解放西藏”方面的文件（复印件）。

九世班禅额尔德尼致毛主席、朱总司令电。

中国人民解放军部队举行誓师大会。

西藏人民积极组织担架队支援部队进藏。

各族各界人民隆重欢迎人民解放军进入拉萨。

川藏、青藏两条公路全线通车，图为进入拉萨情景。

中央人民政府为庆祝西藏自治区筹备委员会成立，陈毅副总理为团长的中央代表团到达拉萨。图为陈毅在成立大会上的讲话。

国务院总理周恩来在二届全国人大一次会议上做关于平息反革命叛乱、西藏实行民主改革的报告。

百万农奴欢天喜地庆祝平息反革命叛乱的伟大胜利。

翻身农奴烧毁契约借据。

农民分得土地。

牧民分得牛羊、牧场。

文物实物：毛主席给达赖喇嘛的复信（复制件）。

中国人民解放军西藏军区布告。

中央人民政府和西藏地方政府《关于和平解放西藏办法的协议》（复印件）。

西藏筹委会布告（复印件）。

全国人民代表大会常务委员会赠旗。

中央代表团为西藏自治区筹委会成立赠旗。

西藏自治区筹委会颁发的土地所有证。

西藏革命展览馆讲解词
中央大厅与第一陈列室

（1965年9月）

欢迎同志们（或大家）参观西藏革命展览馆。

全馆设一个大厅、八个陈列室。

这是我们伟大祖国各族人民敬爱的领袖毛主席的雕像，是用汉白玉石料，由北京建筑艺术雕塑工厂的工人们精心雕塑的，像高二米三。底座是“东北红”，一种东北产的石料镶成的，由北京大理石工厂制作的，高一米零五。毛主席（指向雕像）是我们各族人民心中的太阳，他领导我们翻身解放，他是我们各族人民的救星，我们永远团结在毛主席的周围，永远跟着共产党。

这个巨大的屏风（指屏风）上面，是毛主席的题词——“中华人民共和国各民族团结起来”。我国是一个统一的多民族的社会主义大家庭，有五十多个兄弟民族。中华人民共和国成立以来，已经完全废除了民族压迫制度，执行了民族团结平等政策，在中国共产党和毛主席的领导下，我们共同建设伟大的社会主义祖国。

两侧的四幅大画（指四周的油画），象征着西藏解放以来的四个历史时期。

第一幅（指油画）万民歌颂共产党。

毛主席派来了各民族人民的子弟兵（指人民解放军的队伍），开启了西藏人民解放的伟大新时代。劳动人民抑制不住内心的喜悦和感激，载歌载舞迎亲人。男女老少（指群众）齐集街头，把洁白的哈达献给毛主席、献给中国共产党。

第二幅（指油画）百万农奴站起来。

我们百万农奴在党的领导下，从千百年的“人间地狱”中，砸碎了镣铐，站起来了，用自己的双手埋葬了万恶的封建农奴制度，点燃熊熊烈火，烧掉吃人的旧社会。他们分得了土地，成为新社会的主人，刀把子、枪杆子握在劳动人民的手里了。

第三幅（指油画）敢教日月换新天。

表现我区贯彻执行毛主席提出的稳定发展的方针，在互助合作的基础上，夺得了连续六年的大丰收（指收打青稞），发展了经济，为西藏的社会主义革命和建设奠定了物质基础。

第四幅（指油画）向社会主义迈进。

西藏人民按照毛主席指出的道路，进一步组织起来，迎接社会主义革命和建设新时期的到来。

我们西藏的社会主义革命和建设远景，一定要同内地一样，要实现农业集体化、机械化，大兴水利，大办电站，开工厂，开矿山，修铁路，通飞机，大办学校医院，为子孙万代创造美满幸福的乐园（指画上一些具体内容）。

下面请参观第一陈列室——西藏是伟大祖国的西南边疆。

西藏是祖国锦绣河山的组成部分。

西藏人民是勤劳、淳朴、充满智慧的。

这张巨幅照片是我国各族人民的伟大领袖毛主席接见西藏地区全国人大代表贡布同志。贡布是一位登山英雄，在1961年同国家登山队一起登上了珠穆朗玛峰。这张照片显示了我们祖国各族人民永远团结在敬爱的毛主席周围。

这是我们伟大祖国的地图。首都北京（指北京天安门），是我们亲爱的党中央和毛主席工作的地方。全国面积960多万平方公里，人口6.5亿多。有23个省，5个民族自治区，2个直辖市（北京、上海），这29个省、市、自治区划分为5个大行政区，我们西南行政区的中心是成都（指成都市）。

西藏自治区位于祖国的西南边疆（指全国大地图上的西藏图），面积120多万平方公里，人口132万多。自治区人民委员会在拉萨（指拉萨市）。

西藏境内有四通八达的公路，尤其是川藏、青藏、新藏三条公路与祖国内地，兄弟省、自治区（指图上的四川、青海、新疆）相接连，通过公路与铁路（指图上川藏、青藏公路至成都或柳园连接北京的铁路）与首都北京连接在一起，而且拉萨与北京可以直接通飞机，从拉萨起飞只要五六个小时就可到首都了。这些现代化交通大大促进了西藏的政治、经济、文化等各项事业的全面发展。今后我区还要修筑铁路，这样就会更加加速西藏的建设，更加密切与祖国内地的联系。

下面展出的是从历史上说明西藏是伟大祖国锦绣河山的组成部分。

很早以来，西藏人民就和祖国各族人民建立了密切关系（指唐代、宋代版面），在1300年前，唐代就有了很好的发展。当时的西藏首领松赞干布迎娶了文成公主（指照片），西藏地方与中央的关系进一步密切，这是（指照片：甥舅会盟碑）在1000多年前建立在大昭寺门前的“甥舅会盟碑”。旁边的柳树是文成公主亲手栽的。这是唐代名画家阎立本所画的唐太宗接见松赞干布派的请婚使者禄东赞的情景（指图画）。

这是在甘肃敦煌千佛洞发现的汉藏文对照注释的千字文残卷，说明藏汉两族人民在很早以前就有文化来往。

（指展出实物）这是传说中文成公主、松赞干布用过的高足茶碗（指高足茶碗），相传文成公主从内地带来的乐器（指乐器），这是文成公主进藏时带来农作物种子的藏文记载。到了元代，在元朝中央设立了管理西藏地方事务的行政机构“宣政院”。这是（指文照“宣政院”）在元史上关于“宣政院”的记载，并在西藏建立地方行政机构，这是（指文照）元代中央政府关于建立三部十三万户的记载，指派莎迦法王统一管理，这是（指文照“大宝法王”“大元帝师”的记载）元朝中央政府封八思巴为“大宝法王”“大元帝师”的记载（指文照“训令”）。元帝师贡嘎坚赞给各地方宣慰使司及所属官员的训令，禁止他们随意征税派乌拉等行为。蒙古新字（指文照）是八思巴为元朝创制的，是对祖国文化遗产的一个贡献。

（指展柜实物）这是用蒙古新字刻制的金印，印文为“白兰王印”（指金印）。这是元代中央颁发给西藏地方的玉印，印文为“八思巴大宝法王”。

明朝初年，西藏受元朝敕封的旧有的官员，都得到了明朝中央政府的加封。这是（指文照）“封元朝故官的记载”（明史上有关加封的记载）。藏文历史上（指文照）封“灌顶国师阐化王”的敕诰。这是批准父亡子继“灌顶国师”的记载。在经济上有茶马互市的记载（指文照）。就是西藏的马匹和内地的茶叶互相交换。

（指展柜实物）这是明朝中央政府颁发给西藏的“道贡万户府的铜印”（指铜印）。这是封西藏地方官员为“阐教王”的金印（指金印）。这是明成化五年（1469）封西藏地方官员为“代辅教王”（指明代中央政府给西藏的指令）。

清代中央加强了对西藏地方的领导。清初在西藏设立驻藏大臣。这是当时（指照片“有泰和随行人员的合影”）驻藏大臣有泰和他的随行人员的照片。在乾隆五十八年（1793），制定了管理西藏地方的政治、经济各方面的管理制度。达赖、班禅（指这两个文照）这两个名号也是在清代正式规定下来的。

（指展柜的实物）这是清代中央在1793年颁布的二十九条钦定章程的藏文手抄本（指藏文手抄本）。这是清代中央颁发给达赖、班禅的金册，颁发给达赖的玉印、金印（指实物）。

这件精龙金盔甲是乾隆三十三年（1768）布施给格鲁派大师宗喀巴的护法神的御衣。

近百年以来，帝国主义势力侵入我国，也侵入了西藏地区，妄想将西藏从我国领土上分割出去。但是，西藏人民和祖国各族人民一道进行了英勇的斗争，使得帝国主义遭到了失败。这是（指照片）1904年的江孜宗山抗英碉堡遗存。

这是1904年抗英民兵名单（指文照），这是1886—1888年仁布宗抗英民兵名单。这是当时抗英战士全副武装的英雄形象（指照片）。这是当时的抗英将领莱丁代本召见英帝官兵的情景（指照片），洋鬼子跪着谈判。

这是1904年抗英战争时，抗英战士使用过的土枪廓尔喀枪、战刀等，拿着这些武器狠狠地打击了帝国主义强盗们。

以上历史事实充分说明很早以来，西藏就是伟大祖国的组成部分。（在西藏概况示意图面前）西藏自治区位于祖国的西南边疆，是山川壮丽、物产丰富的地方。有举世闻名的高山大河；有气象万千的林海雪原；有色彩多姿的江南景色；有情意傲然的草地风光；更加有丰富的物产资源（指图上扭开电路，按电路顺序进行讲解）。

（扭开第一个线路）全区有71个县（含一个市辖区），5个专署（阿里、日喀则、山南、黑河、昌都），一个市（拉萨）。

（第二个线路）雅鲁藏布江及其支流和横断山原河谷地带，是我区主要农作物产地，以青稞为主，主要集中在雅鲁藏布江流域河谷，黑河、阿里的部分地区。

（第三个线路）此外，还生产小麦、玉米、水稻、鸡爪谷、豌豆、蚕豆、马铃薯等 。

（第四个线路）我区的经济作物和水果也是多种多样的，主要的有萝卜、元根、油菜、核桃、桃杏等。部分地区还出产苹果、柑橘、香蕉和竹子。

（第五个线路）在辽阔的藏北草原，水草丰满，牛羊肥壮，主要有牦牛、山羊、绵羊等。

（第六个线路）还有黄牛、驴、马等。

（第七个线路）在江河、大湖、森林中以及阿里、黑河地区有各种珍贵的野生动物、植物和土特产品。如鱼类、野鸭、鹿、獐、狐、野马、野羊、雪猪、狗熊，有些地方还有猴子、水獭和熊猫。

（第八个线路）此外，还有丰富的矿产资源，各种有色金属、黑色金属、稀有金属、燃料和盐碱。

（指喜马拉雅山和林芝、波密等地区）这里有古木参天的原始森林。从尼洋河到波密，沿公路就有三四百里的原始森林地区。

（最后全开电路）这些取之不尽，用之不竭的资源是建设社会主义新西藏和支援祖国社会主义建设的有利条件。

西藏南部是河谷地带，土地肥沃，物产丰富，被称为“西藏的粮仓”，但是只有在党和毛泽东思想的阳光照耀下，才会有今天的高原丰收。这张照片（指主照）反映了翻身后的农民，怀着无限喜悦和感激的心情，抬着毛主席的画像，欢庆丰收。这是国营农场的工人在开拖拉机进行播种（指照片）。美丽的油菜田（指照片）青稞成堆（指照片），这些都说明我们西藏土地肥沃，能生长小麦、青稞、豌豆、油菜和水稻。

藏北大草原（指版面：水草丰美牛羊壮），又是一个令人神往的天地。如今这里（指照片）水草丰盛、牛羊成群、人畜两旺，一派欣欣向荣的景象。这是藏北大草原的一角（指主照）放牧在草原上的牛羊群，好像天上的白色云朵，一到秋天就是牧民们忙碌的季节（指照片），这是牧区收获的情景。新疆细毛羊在我区也生长得很好。

西藏是祖国的重要林区之一（指版面：西藏林海）。不仅树种多，经济价值大，而且面积宽广。据统计全区有14000平方公里，蓄积量为3.5亿多立方米。（指照片“喜马拉雅山的原始森林中”）从喜马拉雅山到山清水秀的林芝，（指照片“高原林区”）著名的横断山脉（指照片“穿过森林的公路”）到处都是林海。这说明今后高原森林工业的发展，有着无限广阔的前景。

雅鲁藏布江，是世界最高的大河。它蕴藏着极为丰富的水力资源（指照片“丰富的水力资源——瀑布”），由它和无数条支流所构成的河谷地带，是富饶的农业区，千百年来，养育着两岸勤劳的人民，一到鱼汛，农民们就泛着皮船捕鱼。

巍峨的世界第一高峰——珠穆朗玛峰（指主照）海拔8844.43米，是世界上最高、最大的喜马拉雅山脉的主峰，它已被我国登山英雄们于1961年征服。这些奇特的冰塔、水晶宫、冰湖（指照片）为科学家们探索、研究冰川、冻土层和地质提供了极为丰富的资料，这在世界上也是独一无二的。

在这块美丽的土地上，有着勤劳勇敢、淳朴智慧的人民。这是（指照片）用自己勤劳的双手开垦的梯田。这是（指照片）心灵手巧的劳动人民编织的藤索桥。总之，勤劳的人民用自己的双手开发并保卫了祖国这块壮丽富饶的西南边疆。

毛主席教导我们说（在抗英画版面前）：“中国人民，百年以来，不屈不挠、再接再厉地英勇斗争，使得帝国主义至今不能灭亡中国，也永远不能灭亡中国。”（摘自《中国革命和中国共产党》）西藏人民为保卫祖国的西南边疆，反对帝国主义的侵略，在近代社会两次拿起武器与帝国主义进行了英勇不屈的斗争，洒下了鲜血，付出了生命。今天我们的祖国和人民不会忘记为祖国的西南边疆牺牲的英烈，同时我们也永远不会忘记过去帝国主义和万恶的封建农奴制度给我们造成的悲惨痛苦的生活。

下面请观众们继续参观“被推翻了的封建农奴制度”陈列。

在"西藏历史文物展览"记者招待会上的讲话

（1988年4月）

同志们、朋友们：

大家好！

1986年以来我们曾在这里举办过"西藏唐卡展览""西藏文化展览"，对增进各民族间的相互了解、友谊、团结起到了一定的作用。现在"西藏历史文物展览"将首次展示在人们的面前。今天，我们举行这个招待会，邀请新闻界朋友们光临指导，借此机会，我代表西藏自治区文化厅、民族文化宫，向在座的各位表示热烈的欢迎、衷心的感谢。

我们伟大祖国是各民族共同缔造的统一的多民族国家。西藏各民族以悠久的历史、丰富多彩的文化艺术闻名世界。我们举办的"西藏历史文物展览"，是在1985年为庆祝西藏自治区成立20周年"西藏概况展览"的基础上进行的。这个展览在拉萨展出以后，受到了国内外广大观众的肯定和赞扬。

"西藏历史文物展览"一共展出250多幅历史照片和300多件珍贵文物，还有大量的文字说明、图表等等。它从西藏藏族人类的起源讲起，一直到民主改革为止，最后还展示了现在的若干新貌。对各个历史阶段的西藏社会结构、政治组织、宗教文化、部族盛衰、历史演变以及与祖国内地其他民族，特别是汉族的关系等，做了比较系统而简明的叙述。

西藏是我国藏族的主要聚居区之一，区内除藏族外，还有珞巴族、门巴族、回族、汉族等民族。在历史发展的长河中，西藏各族人民和他们的领袖人物、民族英雄，与各民族兄弟一道为多民族大家庭的形成发展与巩固，为维护祖国的统一和主权完整进行了不懈的努力，做出了自己的宝贵贡献。

近30年来，相继在西藏地区的定日、聂拉木、那曲、阿里北部、墨脱、昌都卡诺村和拉萨北郊，发现了旧石器地点6处，细石器地点28处，新石器遗址、地点20余处，在藏北才多茶卡湖畔还发现了游牧狩猎部落使用的半锥形石核。这些都证明，上自5万年前，下至四五千年，藏族先民就繁衍生息在雪域高原上。这说明藏族族源的“南来说”“西来说”都是应该怀疑的。而藏族本身民间流传有由“神猴”与“岩魔女”相结合始有人类，称吐蕃为“猿猴”种系，藏族起源与之有着渊源关系。

大约在2000年以前，即公元纪元前，西藏地方众多部族扩大了活动的范围和规模。《后汉书》关于统称为“西羌”的无戈爰剑及其后裔和发羌、唐牦等部的记载，反映了公元纪元前后几百年间，西藏及与西藏有关的氐族、部族和中原民族间的早期联系。

到公元7世纪初，雅隆河谷的悉补野部首领松赞干布在继续推进雅鲁藏布江中游部族联盟基础上，建立了吐蕃王朝政权，定都逻娑（今拉萨）。松赞干布在积极推进吐蕃社会生产的发展，加强奴隶制政权建设的同时，极其重视吸取唐朝先进生产技术和先进的政治、文化成果。他派遣使者向唐朝请婚。唐太宗也对吐蕃采取了友好的政策，公元641年，派专使护送文成公主入藏与藏王松赞干布联姻，大大推进了西藏与中原的文化、经济交往，促进了我国多民族大家庭的形成与发展。

公元8世纪，吐蕃王朝的统治范围逐步扩展到甘肃、青海以及新疆南部和川、滇西部，使藏族与其他民族有了更广泛的接触，同时也促进了藏族本身的发展。公元710年，唐中宗又以金城公主与吐蕃赞普赤德祖赞联姻，自此，唐蕃双方多次会盟、叙亲，遣使往还，始终不断。

由于奴隶主与奴隶矛盾的尖锐化，导致奴隶、平民起义和吐蕃王朝的崩溃，西藏陷入740多年的分割局面，吐蕃赞普后裔和豪门贵族建立了许多地方政权，但是，西藏各地方政权与当时的宋王朝仍然保持着政治、经济和文化交往。历史上有名的“茶马互市”，就是这一时期形成的。公元13世纪蒙古族领袖成吉思汗在北方建立了蒙古汗国后，便和他的后继者先后消灭了北方诸政权，并西进到西北藏族地区，致力于统一全国事业，结束了西藏的混乱状况，乌思藏正式纳入蒙古汗国管辖范围。蒙古贵族创建了我国版图内各地区、各民族空前大统一的元王朝。元朝中央政权，重视任用西藏的政教领袖，西藏的首领人物也积极赞助和支持元朝统一全国的事业。元朝中央为管理西藏，采取派员清查户口，建立驿站，确定赋税，引进刑法、天文、历算等措施，在当地分封13个万户，任命萨迦派王全权治理全藏政教事务。时至清中央政府，更是通过格鲁派全面直接管理西藏事务，批准建立了“西藏地方噶厦政府”，1793年颁布藏内善后二十九条钦定章程。章程规定由驻藏大臣会同达赖、班禅督办西藏地方事务。

1911年辛亥革命推翻了封建制度在中国数千年的统治，中华民国政府宣布实行“五族共和”。民国政府坚持了国家对于西藏拥有主权的立场，继承清朝政府对藏族地区的施政体制，设置蒙藏事务管理机构，遴选西藏代表参加国会议事，并任命驻藏办事长官。西藏地方政府和班禅额尔德尼都在南京设立驻京办事处。1931年西藏地方政府官员与九世班禅一起参加了国民会议。1933年十三世达赖喇嘛圆寂以后，国民政府追赠十三世达赖喇嘛为“护国弘化普慈圆觉大师”，并派黄慕松为专使入藏册封、致祭。后来国民政府又应西藏地方的呈请，特命蒙藏委员会委员长吴忠信为专使，于1940年入藏主持了十四世达赖喇嘛的坐床典礼。1949年国民政府又任命蒙藏委员会委员长关吉玉为专使，在青海主持了十世班禅的坐床典礼。

1949年中华人民共和国成立。1950年，中央人民政府在命令中国人民解放军进军西藏的同时，通知西藏地方政府派代表到北京谈判关于和平解放西藏事宜。1951年，阿沛·阿旺晋美为首的西藏地方政府全权代表到北京，与中央人民政府签订了《中央人民政府和西藏地方政府关于和平解放西藏办法的协议》。同年秋季，中央驻西藏代表和中国人民解放军进抵拉萨。

1956年，成立西藏自治区筹委会。1959年，经过平息叛乱和民主改革，废除了封建农奴制度。1965年，西藏自治区正式成立，实现民族区域自治、人民当家做主的权利。30多年来，在党中央、人民政府的关怀和全国各族人民的支援下，西藏胜利完成了民主改革，加强了各民族的团结和民族内部的团结，建设了社会主义的经济和文化事业，西藏走上了兴旺繁荣的发展道路。特别是党的十一届三中全会以来，党和国家在西藏实施了更加特殊灵活的政策，采取了积极支持、扶助、促进西藏建设加快的一系列措施。一个团结、富裕、文明的社会主义新西藏必将在世界屋脊上放出耀眼的光芒。

我们希望通过这次展览，能够增进各民族间的相互了解、友谊和团结，为促进西藏的发展和繁荣添砖加瓦。

谢谢！

第二部分　西藏历史

西藏考古与西藏原始文化东向开放

——为母校西北大学考古专业建立40周年作

（1996年9月）

西藏高原以巍峨的雪山、晶莹的冰川、广阔的草原、茂密的林海之特殊自然生态环境，孕育、繁衍着勤劳、智慧和英勇的人民。当然，藏族是其主体。藏语，属于汉藏语系藏缅语族藏语支。藏族有语言文字。据现有考古和文献资料表明，藏族是我国仅次汉族拥有文字的民族，其文字经过1300多年的改革、创新与充实沿用至今，这在当今世界2000多个民族中尚属少数。民族文明的起源，首先是民族文字的创建。所以，我们说藏族及其先民，在被称为“世界屋脊”的青藏高原如此艰苦的自然条件下，以其非凡的才能和毅力，创造出神奇魅力的“极地文化”，为中华民族文明乃至人类文明共有的宝贵财富，做出了重要贡献，就不足为奇了。

毫无例外，世界各个民族都是历史的、具体的民族。也就是说，民族作为人们共同体，其产生、形成和发展是自然生态和社会环境两种基因起作用的结果，是自然与人文的产物。考古学的重要任务，就是与人类学、人种学、语言学、地质学、民族学、民俗学、文献学、现代物理化学、电脑软件等诸多学科一道，去发现、发掘和揭示这两种基因之内在联系、构造和结合的形式。近几十年来，这些学科的运用，在为揭示西藏神奇的自然生态环境、独特的社会人文环境下，藏族及其文化的产生、形成和发展上已经显示出特有的功能作用，并获得了巨大成功。

一

真正意义上的西藏考古，40年前基本是空白。一位老藏学家说："我们过去写西藏历史，总是从六七世纪开始，在今天看来，这就很不够了，藏族不仅有一千多年的记载历史，而且还有五六千年，甚至更古老的原始社会史。"[①]进入20世纪50年代以来，西藏考古从无到有，从点到面有序地开展起来。现在已经查明各类文物点1768处，采集、征集和出土数千件文物，原始文化田野工作收获极佳：共发现古生物化石地点3处，旧石器及打制石器地点24处，细石器地点40余处，新石器遗址采集点10处。

旧石器时代文化遗址典型代表有3处：

那曲点：包括西藏那曲地区、青海托口河、霍托里、格尔木等，采集到5件石器。

定日点：包括西藏聂拉木县的亚里、羊圈等，共采集到旧石器和细石器的器物40余件，其中有刮削器15件。

申扎点：包括西藏的双湖、日土、普兰、吉隆等县，共采集旧石器和细石器器物各186件、169件，三处文化遗存的年代大约在公元前5世纪到公元前1万年左右。

新石器时代文化遗址典型代表有3处：

林芝文化遗址：今之西藏林芝、米林、墨脱等县。主要在林芝基建工地清理、采集墓葬中的遗物，计有古人类头骨残片多块，胫、股、肋、腓、椎等骨骼部位的残片多段，还有陶罐、石器、网坠、箭头以及动植物化石。

林芝文化年代约在距今5000—8000年之间。

曲贡文化遗址：在拉萨市北部五公里处的曲贡村发现，据测遗址面积1万平方米，试掘了500平方米，清理了10座灰坑。坑状规整，圆形为主，直径近2米，坑深1～1.5米，出土石器近万件，打制石器为主，骨器少，以骨的肢骨加工而成，有针、锥、梳、笄器。陶器以黑陶为主，有单耳罐、双耳罐、圆底钵、高柄豆等，均为圆底和圆足底，无平底陶，装饰包括骨笄、耳坠、陶环、石环。曲贡文化地处西藏中心地带，发现意义重大。距今年代初步推算为公元前2000年，属新石器时期文化。

卡若文化遗址：系1977年在西藏昌都的卡若村发现的。先后进行两次正式较大规模的发掘，这在西藏文物考古史上是破天荒第一次，发掘清理了房屋、烧灶、圆形台面、道路、石墙、圆石台、石圆圈、灰坑等。文化堆积延续千年之久，显示出房屋建筑的地方特色。获得实物标本8346件，石器为主，骨器少量，打制石器占石器的85.6%，尚有6.4%的磨制细石器器物。骨器366件，多为锥、针、斧、刀梗、带锯齿骨片、印模骨具等。陶片，器形简单，均为平底器，夹砂材料，以刻划纹为主的纹饰。饰品50余件，品种为笄、玉、珠、镯、项饰、牌饰、垂饰、贝饰，质料为石、玉、骨、贝。饰品磨制光滑，制作精细。卡若文化距今大约4000—5000年。

文明时代以后，西藏各个历史阶段的考古工作成绩也是十分可观的。发现、勘察并记录了岩石画35处，墓群247处，城堡与王宫建筑5处，古城与庄园8处，古建和寺院114处，窑洞与古塔82处，碉堡与桥梁12处，古战场防御工事9处等等[②]。这些文化珍迹的发现与清理，填补了西藏文化发展史和西藏地方与祖国内地关系史上的若干空白，具有极为重要的历史、现实和艺术意义。

西藏文物与考古工作一开始就有正确的指导原则。20世纪60年代，原西藏工委拟定了“集中起来保管好”的方针，到了80年代中期，又进一步贯彻了“加强保护，积极利用”方针政策。1990年西藏自治区依据《中华人民共和国文物保护法》，制定与实施了《西藏自治区文物保护管理条例》，西藏地区的文物与考古工作步入法制轨道。经过国务院和西藏自治区政府批准的全国及自治区重点文物保护单位分别为13处和22处，西藏自治区先后在国内外举办多次大中型西藏文物展览，编辑和出版一批具有重大思想、学术和艺术价值的文物考古报告、论文、专著和图册。自20世纪80年代中期先后投入6000万人民币对全国或自治区重点文物保护单位中的10个单位进行了抢救与维修，特别是对布达拉宫的维修，成立了以国务委员李铁映等为组长的维修领导小组，投资4000万余元人民币，历时五年“精心设计，精细施工”，达到了预期满意的结果，为国内外瞩目。

西藏文物与考古工作在实践过程中，组建工作机构、培养和壮大以藏族为主体的专业队伍方面更是获得了令人兴奋的成就。1959年民主改革后，组织了包括笔者在内的3名专业人员赴藏，建立了西藏文物保管小组。1965年从内地又调进10名大专毕业生，进而成立西藏自治区文物管理委员会。1974年初始，有计划地在西北大学、四川大学、北京大学等名牌大学培养了一批藏族、汉族学生，他们已是今天西藏文博与考古工作领域的骨干和中坚。1992年成立西藏自治区文物局，同时成立西藏地区博物馆筹备领导小组，这些都是做好西藏地区文博考古工作的关键所在。

二

西藏考古硕果累累，为研究西藏上下数万年的沧桑巨变弥补了藏汉文献资料的极大不足，为重新认识西藏远古的自然生态和人文状况，重新探讨西藏原始文化与文明起源的内在条件和外部环境，重新考虑某些结论与争论，全面、真实和准确地恢复西藏历史的本来面貌，提供了无可争辩的科学依据。笔者认为至少在下面三个问题上可以求得共识。

1. 西藏高原是人类文明发源地之一

人类的起源，就是人类文明的起源。现有考古材料表明，距今1万—5万年前的旧石器时代中晚期，西藏高原大部分地区就有古原始人活动，其文化遗存遍布于昆仑山以南，喜马拉雅山以北，横断山脉以西的广阔区域内，“已经形成了本身的文化特点”③。进入细石器和新石器时代，原始人群更是活跃在高原江河、湖畔，其文化遗址达50多处，文化风貌各异的三支原始居民群体已经形成：以卡若文化为代表的藏东南地区的半农半牧经济的卡若居民群体，以曲贡文化为代表的雅鲁藏布江中下游的农耕经济的曲贡居民群体，以那曲为代表的游牧、狩猎经济的藏北游牧居民群体，为“包括喜马拉雅山地区在内的中国西南可能是人类起源的重要地点这一科学的推论完全有可能”提供了强有力的实证④。

2. 西藏高原是藏族先民之孕育地

“先民”即“初民”“族源”“祖先”。关于藏族先民即族源问题，百年来众说纷纭，莫衷一是来源说有：一氐羌、二鲜卑、三蒙古、四三苗、五印度、六华北、七混血、八马来半岛、九猕猴与罗岩刹女后裔、十土著。比较起来，以下四说值得再探讨和研究。

藏族来源印度说：持此说的多半是西方人士和少数藏族学者。他们以《殊胜神降赞注释》《布敦佛教史》《贤者喜宴》及某些神话故事为依据。一是一个名叫如巴底的印度国王战败，穿上女装逃往雪山中，繁衍为今天的藏族；二是本教史《嘉喜库》中一段神话，是由于护佑赐给贾森六个儿子，长子印如巴底，因其相貌奇特，贾森将他装进铜罐投入河中，被一农民救起后抚育，后来成了西藏王。若为逃至雪山中带领约一千士卒的如巴底，全是男性而无一女性可婚配，怎么繁衍后代，如果说逃至雪山中已有女性可以婚配，那么西藏早就有人；再若是被投到水中的那个如巴底，结果被一农民收养，这位农民不就是当地的土著居民吗，故而藏族来源印度说实难苟同。

藏族来源“西羌”说：内地不少学者持此说。根据是《后汉书·西羌传》、新旧《唐书·吐蕃传》等史书，论点是“吐蕃本西羌属”，盖有百五十种，散处何、皇、岷江间等。羌之词，最早见于公元前16世纪的《甲骨文书》，泛指我国西北广大的游牧部落，亦称“戎”。后来一部分滞留在当地，时至汉朝称为“西羌”或“西戎”，为我国古代西部民族的总称。西羌出现在公元1世纪。根据藏文献档案记载推理，松赞干布以前有三十二赞普，第一代赞普聂赤赞普出生在公元前200年左右，所以藏族来源“西羌”说，在时间上是站不住脚的，而且考古材料已经证明，“西羌”（甚至古羌人）出现以前，西藏高原早在数万年前就有人类活动，可以视为藏族先民卡若文化的创造者在4000—5000年前已经生息在西藏高原上。

藏族来源“猕猴与女妖婚配的后裔”说：这在《松赞干布遗教》《贤者喜宴》《西藏王统记》《青史》《敦煌古藏文历史文书》《新疆出土古藏文书》等史书都有说法：菩萨化身的猕猴与白母度化身的罗岩女结合产生了藏族祖先。还说第一代王聂赤赞普“从天而降”。农区群众流传有：西藏洪荒时代，山南地区泽当镇附近的山洞里，住着一个母猕猴只身寂寞，天神“帕巴见日色”知道母猴的心思，即化为人身与之成亲，生下了子女，方为藏族的祖先。猕猴变人之说，亦不失反映古代藏族先民经历了漫长的原始人群阶段，由猿到人的过程。这是种神话，或是美丽的神话，比起西方“上帝造人”说要朴实多了。但同时，西藏广大牧区也流传着牦牛图腾崇拜的神话，认为“女祖是白牦牛”，与野牦牛结合而出现藏族人。这在《格萨尔王传》《贤者喜宴》

《米拉迪歌集》《王统世系明鉴》中均有记载。无疑图腾崇拜制度，是探究一个民族起源的一种原始手段，所以说，猕猴与女妖结合产生藏族先民说，至少是不完整的，起码应包括“牦牛变人”说，但这些毕竟是神话。

藏族来源“土著”说：持这种见解者日增。如果说，在西藏高原考古发现旧石器时代中期文化遗存，可以证明这里也是人类文明起源即人类发祥地之一的话，那么，西藏地区所发现的包括旧石器（细石器）时代、新石器时代在内的50处文化遗存，特别是对卡若、曲贡两处的发掘和林芝遗址出土清理的大量石器、陶器、饰品和居住村庄及建筑，充分证明了西藏高原的原始人群就是藏族的直接祖先，我国著名学者、老一辈史学家范文澜老先生就曾经在他的《中华民族的发展》序言写道：“中国多地按地区文化遗物来源推测新石器时代的人，就是后来构成中华民族各族的祖先。”

其实在古藏文典籍中也有关于早期人类活动的不少记载，如《本教史·四洲之源》《四史》等。书中载：“西藏未有王前先有本教。”它是西藏最原始的宗教。崇拜自然、崇拜原始精灵、崇拜“滚却柔姆”（女性）和“滚却桑母”（男性）。本教史书记载，大约在公元前7世纪前后该教即在西藏高原流传。此时印度释迦牟尼还未出世，中原地区正为春秋时期。所以我是同意藏族来源“土著”说的，但是这并不能与藏民族的形成发展混合起来。藏族的一部分来自其他部落、部族或民族是可能的，这不是关系的主体，在藏族的形成和发展过程中，吸收、同化和融合包括少数汉族在内的多种民族成分也是历史事实。如同汉族一样，藏族也是个多源的复合的民族群体。

3. 西藏高原社会历史一脉相承、轨迹清晰

西藏现代意义上的考古学实践和藏汉文文献的运用，使我们清楚地观察到西藏地区文物古迹的时代跨度极大，文化遗存的空间分布极宽广，文物内涵、门类极其丰富，为我们勾勒出西藏高原上自旧石器、中经中石器和新石器的原始社会，下讫以吐蕃王朝建立为标志的奴隶制产生、发展，封建（农奴）制漫长的地方统治，各种经济形态的社会史并与之相应的中央政府更迭历史顺序，即元、明、清、民国各个历史阶段，都是延续、相承和递接的，此乃一幅长久的历史画卷。

西藏东南谷地、尼洋河沿岸可视为藏族古代文化的摇篮，阿里地区的雅鲁藏布江源头及上游叫“马泉河”（意为“母亲”河），应是古代藏族文明的起源圣地，雅鲁藏布江中游的雅隆，则是吐蕃王朝的发源地，迁圣拉萨后统一西藏高原，藏族由此形成与发展。藏西南多雄藏布河上的日喀则地区是萨迦王朝的根据地，在元代中央直接干预下结束了四百多年的分割局面，统一西藏并归入中华民族大家庭，自此西藏成为中国领土内的一个行政区域。随着时间的推移，雅鲁藏布江中游的乃东、贡嘎和琼结在萨迦王朝之后，在明朝中央的支持下建立了帕莫主巴王朝，成为统治全藏的中心。当中央政权为满族取代后，西藏地方的权力中心亦随之移转到拉萨河谷，建立了以达赖喇嘛、班禅额尔德尼为核心人物的“西藏噶厦”（西藏地方政府），直至民国时期。在这漫长的历史长河中，西藏人民始终是历史的主体，跨入社会主

义社会之后，更是成为社会的主人了。

三

西藏考古获得丰富资料（包括部分藏文文献），经过综合分析和比较研究，不难发现西藏原始时代文化具有明显的东向开放的格局。

第一，这种认识的前提是西藏原始文化，无论从整体文化形态或是具体文化遗址，均显示出地方特色和地域特征。表现为：一是相对独立并具地方色彩，二是发展延续并一脉相承，三是绝非孤立并赋予外延。我们至少能观察到原始文化关系，一是土生土长的土著文化因素，二是受到外来影响的文化因素，前者是主导或主流。然而，西藏原始文化东向开放的事实也是客观存在。

第二，西藏原始文化东向开放的格局是：西藏高原与中原大地双向开放、相互交往、彼此作用、相辅相成；既有主体又有客体、你中有我、我中有你、交叉定位、融合发展。随着社会前进、历史发展，这种以东向开放为主导的开放与交流的态势越来越明显，越来越显现活力。正如我国第一个藏族博士生（亦即藏族第一个文化人类学博士）格勒先生在《论藏族文化的起源形成与周围民族的关系》一书所阐述的："青藏高原的古代文化一方面具有旧石器时代一脉相承的土著文化特点，另一方面又吸收、融合北方游牧系统胡文化，黄河流域农耕氐羌文化，长江流域和东南沿海的百越文化，促成了藏族自身多源性及其文化的复合性特点。"这种观点是比较客观的。

第三，西藏原始文化东向开放，还可以从中华民族及其整体文化的发育、产生和形成的历史过程去考察。如果说西藏原始文化东向开放，与北方草原、云贵高原、两江流域（黄河、长江）的原始人群密切交往，那么，同时也有北方草原细石器胡民族文化系统、羌民族文化系统、长江中下游及东南沿海邻近民族文化系统、长江中下游及东南沿海百越民族文化西向延伸与流动，为青藏高原藏族文化奠定了坚如磐石的基础。中华民族作为一个政治实体，是在各民族文化相互渗透、相互摩擦、相互撞击、相互融合的历史活动中形成的。这里，发源于青藏高原藏民族的先民在东向开放历程中做出了贡献。现在的藏族，是我国55个少数民族在中华人民共和国境内分布地域最广的民族之一。青藏高原原始文化，既为中华民族整体文化做出了自己的贡献，又是中华民族文化重要组成部分。青藏高原的原始文化同包括汉族在内的各民族的先民文化有着深厚的历史渊源关系。

第四，西藏原始文化东向开放，还必须从青藏高原独有的自然环境与条件做出说明。

西藏，位于我国西南边疆，青藏高原的西南部。平均海拔4000米以上，是世界面积最大、海拔最高的高原。它与新疆、青海、四川和云南等省区接壤，又与缅甸、印度、不丹、尼泊尔等国家相邻。依据地质资料证实：以西藏为主体的青藏高原，原是一片浩瀚的海洋，经过漫长的地质、地壳运动，板块碰撞，海陆变化，藏北唐古拉山首先出世，雅鲁藏布江流域接着脱海成陆，喜马拉雅山区最后隆起，青藏高原称为“世界屋脊”不过是几百万年前的事。整个青藏高原为喜马拉雅山脉、昆仑山脉和唐古拉山山脉所环抱。值得特别注意的是喜马拉雅印度山脉处于西藏南部，分布在我国与印度、尼泊尔、不丹等国家接壤地区，为东西走向的弧形山系，总长为2400多公里，南北宽200~350公里，平均海拔6000米左右。它本身的西部海拔高，气候干燥、寒冷；东部气候温和、雨量充沛、森林茂密、生物繁多。这样一个西高东低的大斜坡，给予整个高原上的动物、植物、气候、水文，特别是人们的交往行动产生重大影响。这就使数万年前的原始人类和数千年来藏族及其先民在西向开放、延伸与发展中受到了难以克服的自然阻挡和制约，人们在客观上难以与西亚、南亚甚至中亚进行密切交往与联系，更何况是在原始状态下，人与大自然抗争的能力都极小，屈服和拜倒在大自然面前不足为怪。这就是西藏原始人群东向开放与东向发展的一个自然条件，但是，也无意排斥和轻视，相反非常珍惜西藏人民及其先民数千年来与伊朗、阿拉伯、印度、尼泊尔、不丹、缅甸以至巴基斯坦等国家所形成的经济贸易、文化交流、民族友好往来、和平相处的传统。那么，人们必然要产生这样的疑问，即西藏原始文化东向开放格局，有什么事实为依据呢？我们还是以考古提供的材料为依据来比较分析与判断并予以讨论。旧石器时代，西藏发现比较集中的三处旧石器时代文化，能收集到的打制石器，在制法和器形上，与华北地区旧石器时期文化遗物相似。这里的椭圆形长方刮削器、长条形圆头刮划器和钝尖的尖状器等在华北地区旧石器时代时期的遗址中，也屡有发现，表明青藏高原和华北可能有一定的文化联系。⑤

中石器时代在西藏称细石器时代，这个时代的文化遗址，目前在西藏发现20余处，集中分布在牧区或半农半牧区的藏北和藏西北一带。文化不与陶器共存为其特征，石核的形状比较复杂，这些与云南元谋、广东海西以及内蒙古、新疆发现的旧石器时代的文化是共同的。这在“辽阔的地方草原以及西南一带的细石器传统，也有同样的共性，还可能与黄河流域有一定的联系”[⑥]。

新石器时代曲贡文化和林芝文化两址在西藏高原有一定的新石器时代文化代表性。在古藏文典籍中既有尼洋河流域是一个古代人类的重要居住地的记载，其文化“与内地齐家文化有着密切关系”[⑦]。

极具典型的还是卡若文化遗址。指导现场发掘的我国著名考古学家石兴邦先生等藏、汉专家们一致认为：“卡若文化可能是西藏高原上新石器时代的一种具有代表性的文化。在雅鲁藏布江的墨脱、米林、林芝发现的石器和陶片，与卡若文化有相仿之处。”[⑧]这说明西藏高原上的不同地区、不同内涵的原始文化都有着紧密联系，并非孤立与隔绝的。同样，以卡若文化为代表的西藏高原文化影响到藏东南边缘地带的一些原始文化，黄河中上游地区的原始文化、长江上游的澜沧江、金沙江、怒江以及大渡河沿江上10处文化出土的器物，其形式、装饰、纹饰、用料、房屋建筑等都与卡若文化有关之处，“这也许意味着它们都属于中国西南地区一个大的文化系统中的不同分支”[⑨]。“与四川西部现今的羌族地区，特别是与甘肃地区的马家窑、半山、马厂等文化在时代上基本是平行的，它们在文化内涵上的相似性，可能是因其有着共同的渊源，或者是互相影响的结果，其中有些文化因素，或是来自黄河上游地区，不过像马家窑文化中的磨制条形石锛，半山文化中期出现的三角形彩绘等，是否又受卡若文化的影响。”[10]更富神奇彩色的是：“卡若遗址出土文物中一侧嵌石刃的骨刀梗，是我国南方第一次发现，过去曾见于黑龙江的昂昂溪、内蒙古的高河沟门、甘肃永昌鸳鸯池、景泰县张家台、青海西宁朱家寨等地，这可以说是古代西藏地区接受北方文化影响的一个特征。”[11]对此，我以为一是昌都长久以来即是牧林经济为主，半农半牧区，这与北方草原（原始木林）是雷同的，细石器器物占其主导，这是有共同的自然生态和生产力水平的渊源关系；二是表明西藏原始文化与北方草原文化以及文化繁荣的中原，始终存在着双向交流、彼此开放的事实，如同进入文明历史后的藏族文化一样，西藏原始文化更加开放，是通过“请进来”“走出去”的形式实现的。

青藏高原最古老的居民，也是中华民族祖先的一个方面的源头。这从体质人类学和考古学得到证明：“我国藏族地区两种体质类型A型和B型。藏族属于黄色人种东亚与南亚种族相互混杂的中间类型。”[12]这就是西藏原始文化东向开放、交流与发展，共同祖先这个最核心的渊源关系，并不以人的意志为转移。

运用现代考古学材料和各民族文献资料，加强对中华各民族文化起源和发展轨迹的规律性研究，加深理解和认证中华各民族在历史上的文化交流与融合的过程，有助于各民族人民了解中华民族总体文化格局的形成，有助于各民族人民利用中华民族及其先民们创造的宝贵财富进行热爱中华人民共和国、热爱社会主义、热爱共产党、加强民族团结和祖国统一为主要内容的爱国主义教育，鼓励各民族人民扩大视野、奋发进取，不断赢得中华民族现代物质文明和精神文明建设新成就。

注解：

①李有义. 关于开展西藏历史研究的几点意见. 西藏研究，1982（1）.

②更堆. 西藏文博事业发展三十年. 西藏研究，1995（3）.

③仁真洛色，李锦. 论藏族文化史的分期. 中国西藏，1995（1）.

④西藏自治区文物管理委员会，四川大学历史系. 昌都卡若. 北京：文物出版社，1985.

⑤班马. 藏族族源初探. 西藏研究，1985（4）.

⑥石兴邦. 中国新石器时代论集，北京：文物出版社，1982.

⑦王垣杰. 西藏自治区林芝发现新石器时代选. 考古，1975（5）.

⑧西藏自治区文物管理委员会，四川大学历史系. 昌都卡若. 北京：文物出版社，1985.

⑨霍巍. 西藏考古与西藏文明, 西藏研究，1995（3）.

⑩ 西藏自治区文物管理委员会，四川大学历史系. 昌都卡若. 北京：文物出版社，1985.

⑪西藏自治区文物管理委员会，四川大学历史系. 昌都卡若. 北京：文物出版社，1985.

⑫西藏自治区文物管理委员会，四川大学历史系. 昌都卡若. 北京：文物出版社，1985.

展览概况与中国西藏历史文化

（1992年于日本东京记者会上致辞）

西藏，位于中华人民共和国西南边疆、青藏高原的西南部。面积120多万平方千米，约占国土面积的八分之一。西藏平均海拔4000米以上，是世界面积最大、海拔最高的高原，享有“世界屋脊”之称。

西藏，地域辽阔、地质奇特、地貌壮观、地势多样。有举世闻名的高山大河，有气象万千的林海雪原，有妩媚多姿的江南景色，有情趣盎然的草原风光。它们都纪实了青藏高原千秋万代之沧桑巨变，反映着西藏自然条件的复杂性、多样性和物种的丰富性。

西藏，是中国5个民族自治区之一。人口219万，其中藏族209万余。除了藏族，还有汉族、回族、门巴族、珞巴族以及僜人。他们在衣食住行、婚丧嫁娶、喜庆娱乐、礼仪禁忌等方面，具有独特风格，反映了所在地的经济状况、历史传统、文化素养、心理作用和民族情感。以藏族为例，藏族自称“博巴”（汉译音），使用藏语文。藏语属汉藏语系藏缅语族藏语支。藏族主要从事牧业和农业。以糌粑、牛羊肉、酥油茶、青稞酒为主要饮食。穿着是用各种呢料和牛羊皮做成的藏袍，肥腰、长袖、大襟是其特征。妇女喜佩各种饰品，藏族旅具运力，靠牦牛、毛驴、马、牛、皮船。一夫一妻为其基本婚制。藏族其姓名，一般为四字名，多以主要佛教经典中的吉祥标识或出生日命名。如取“巴桑”名，即是星期五那天出生者。藏族节日繁多，以藏历年最为隆重，其次为望果节、赛马节等，宗教节日活动为最。藏族执行天葬、水葬、土葬、火葬和灵塔葬，以天葬为主。葬式富含深刻的阶级区别，如灵塔葬非一般人所能，基本是宗教系统成员，又如土葬、水葬即是社会最底层或是偷盗、恶病者或“犯罪者”。藏族主尊佛教，藏传佛教是其一大创建。

西藏各民族，具有悠久历史。据考古成果证实和藏、汉文文献记载，远在5万年前，青藏高原就有人类活动。公元前2000多年前，藏族的先民就在这里繁衍生息。随着时空变异，多地土著居民与邻近部落、民族长期交往、融合，逐渐形成了今天的藏族共同体。公元7世纪初，西藏历史上的民族英雄、中华民族优秀人物、卓越的政治家松赞干布，以其聪明才智统一了青藏高原，建立了西藏历史上第一个王朝即吐蕃王朝，为中华民族文化一体格局的形成，奠定了西南土地之基础。

西藏各民族，这一时期社会处于奴隶制时期。公元9世纪中叶，由于平民和奴隶大暴动，吐蕃王朝崩溃覆没，奴隶制逐渐瓦解。公元10世纪到19世纪50年代，西藏社会一直是封建农奴制。其中，封建分割、教派林立的局面长达三四百年。这中间，蒙古族建立元朝中央政府，统一了包括西藏在内的中国大地。西藏社会伊始形成“政教合一、僧侣联合专政”的封建农奴政治制度，到公元16世纪五世达赖喇嘛时期，方完成这种制度。1959年，民主改革，西藏历史揭开了崭新的一页。

西藏各民族的形成过程，是与中国多个民族频繁交往、密切联系、相互认同、互相融合的过程，也是不断促进中华民族共同体紧密结合的过程。大量的考古材料和历史文献证明，远古时期，西藏和中原就有着文化上的密切交往，吐蕃王朝与唐朝建立了亲情关系。公元821—822年，分别在唐朝长安（今西安）即时下的昭陵和吐蕃逻些（今拉萨）树立起“唐蕃会盟牌”又称“甥舅会盟碑”，西藏各民族与中原多民族“逐和同为一家”。13世纪初，蒙古族首领铁木真（即成吉思汗）兼并群雄建立了蒙古汗国。1271年，元世祖忽必烈统一中国建立元朝，自此，西藏正式成为元朝中央政府管辖下的一个行政区域。元代中央政府对西藏采取设立掌管西藏军政教事务的宣政院，并管治全国宗教事务；地方设立十三万户府封授基层首领；大规模清查户口、规定赋税、设置驿站。西藏地区形成了“政教合一、僧侣联合专政”的封建农奴制度。

1368年，明朝更替元朝统治，在西藏建立完整的官吏体系，凡官员均由中央政府直接任命；推行“尚用僧徒”“多封建制”政策，强化僧官执政地位制度；同时，吸收地方官员到中央参与全国政务。这对促进西藏地方政治、经济与文化发展以及加强中央与地方紧密关系，都起着积极影响。

17世纪，满族取得全国政权而兴立清王朝。1652年，五世达赖进京入关。次年中央政府封五世达赖为“西天大善自在佛所领天下释教普通瓦赤喇怛喇达赖喇嘛”，颁赐金册金印。亦于同年，封六世班禅为“班禅额尔德尼”，赐以册印。自此，达赖喇嘛、班禅额尔德尼之称谓正式确定，这是他们在西藏的政治、行政与宗教的地位和权力使然。1792年，新建驻藏大臣一职。次年，中央颁布《钦定西藏章程》，史称《乾隆五十八年钦定西藏章程》，俗称《二十九条章程》，就西藏地方的人事、行政、财政、军事、外事、活佛转世等重大决策事务，均应照章程由驻藏大臣统筹办理。如此，中央进一步加强了对藏区的全面治理。

1911年，中国人民推翻封建帝制，成立中华民国，全国实行"合汉、满、蒙、回、藏诸族为一人""合汉、满、蒙、回、藏诸地为一国"的国制。1912年，颁布《大总统恢复达赖喇嘛封号令》，"现在共和国成立，五族一家，前达赖喇嘛应即复封为诚顺天下大善自在佛"。次年6月，颁布《大总统加封班禅令》，"该额尔德尼实赞兴和，效忠民国维持藏事，备蕃勤劳，应即加封致忠阐化名号"。十三世达赖声称"不亲英人，不背中央"的爱国态度。1913年，《班禅为加封谢大总统呈》，"谨在扎什伦布寺内，恭设香案，敬叩祇额跪谢……"西藏政教首领皆被选为"人大代表"，任中央政府官员。1940年，命令拉木登珠继任十四世达赖喇嘛（即现世达赖），免予金瓶掣签仪式。

1949年，中华人民共和国成立，西藏地方得到和平解放。十四世达赖喇嘛、十世班禅额尔德尼等西藏政教首领人物，更紧密了与中央人民政府的关系。达赖与班禅在第一次全国人民代表大会、政协第一次全国委员会议上分别被选为全国人大常务委员会副委员长，政协全国委员会副主席，参与国家政务。

西藏各民族，由于有着悠久历史，就必然具有丰富多彩的文化，且是独特与神奇的。内容包括韵律、文字、哲理、史地、天文、历算、气象、医药、建筑、服饰、饮食等等。文学包括小说、戏剧、传记、诗歌、故事、寓言、谚语、经文，如举世无双的经典《甘珠尔》《丹珠尔》，如内涵深邃的史学《智者喜宴》《青史》、史诗传说《文成公主》、传记小说《米拉日巴传》、格言诗歌《萨加格言》，更有横空盖世长篇史诗《格萨尔王传》，还有世界少有的高原工艺、绘画、雕塑、音乐、舞蹈、曲艺等等，真乃绚丽多姿，美不胜收。如此博大深邃的民族文化，是中华民族优秀传统文化的重要部分，中华民族文化宝库中的瑰宝与奇葩。

中国西藏文化展览——秘宝和传统工艺精品，由两部分组成，第一部分：自13世纪初以来，历代中央政府赐封馈赠予西藏地方政教领袖的礼品、文物、行使主权的历史证物；第二部分：反映独具特色的西藏各民族工艺精品。

第一部分内容中，陈列的首件历史珍品即“金奔巴瓶”，是1793年（清乾隆五十八年），清政府为确认藏族地区藏传佛教大活佛继承人而赐，珍藏于拉萨大昭寺内，后来又为蒙古族活佛转世定制同件，珍藏于北京雍和宫内。凡藏蒙活佛传世系统，如达赖、班禅、章嘉、哲布尊丹巴等大活佛圆寂后，即将所寻觅的数名“灵童”的姓名，用满、汉、藏文字写在牙签上，置于其中，由驻藏大臣或中央所派大员，按照教规程序主持仪式，当众掣签确定活佛转世。展示秘宝中，还有三世、十三世、十四世达赖喇嘛和六世、七世、八世班禅额尔德尼赠予中央的贡品；法鼓、曼荼罗（亦称坛场）等。

“达赖喇嘛”它的全称是“圣职一切瓦齐尔达赖喇嘛”。

"圣职一切"系汉语，为佛学知识渊博、无所不知之意。"瓦齐尔"为梵文，有执金刚、坚忍不拔之意。"达赖"系蒙古语，意为海洋。"喇嘛"藏语，意为上人。这个封号始于三世达赖索南嘉措，为1578年，明朝万历五年，蒙古土默特部首领俺答汗赠给的封号。一世、二世、三世达赖喇嘛是向后追认的。"班禅额尔德尼"中的"班"是梵语，意为通晓"五明"的学者，"禅"藏语意思为"大"，"额尔德尼"藏语意译为"宝"，系藏传佛教最高领袖人物之一的称号。

展示的第二部分内容，集中反映西藏各民族传统工艺的精华。

西藏传统工艺大体分为三种。一是副业性工艺，如纺织、畜产品的制作和加工；二是守业性的手工艺，如染色、制皮、造纸、制陶、饰物、装饰品、金银环器品；三是宗教性的手工艺，如金、银、铜器、法器、珠宝、珊瑚、制香、造像等等。

副业性手工艺，首推藏族氆氇，为西藏各民族的主要衣料。一般用羊毛组成，品种不少，总体为普通和细致两类。氆氇制品特点是结实、保暖、耐久、经脏。用氆氇制成的围裙（藏语："邦典"）是妇女们极其常见的衣物。"卡垫""地毯"亦是久负盛名的"氆氇"产品，其中地毯，已有600余年历史，其特点是编织精密，花纹图案常见于寺庙壁画，如二龙戏珠、花草鸟兽、山水古画之类。

专业性手工艺，包括对金、银、铜、玉、石木、陶、骨、珊瑚、玛瑙、珍珠等材质进行加工制作的艺术。金、银、铜、玉、陶材质主要打造酥油灯、酥油壶、酥油桶、茶杯、碗、碟、刀以及寺庙中大量造型瓷物，且其上均刻有各种花纹图案，以龙、凤、虎、狮、象、孔雀、花卉，更具富态的还点缀着宝石、玉物、玛瑙、珊瑚等贵重物质。

宗教性手工艺，因以专业性手工艺精心雕琢装饰，故工艺品更是名目繁多、千姿百态，如形制多样、态势各异的祭品、贡品、法器、佛像。“释迦牟尼”“宗喀巴佛”即是专业性与宗教性工艺大作的“精品”。展览中还比较全面地陈列了西藏宗教艺术全貌，其手法是虚拟一个寺庙，由表及里介绍寺庙建筑、壁山、雕塑、佛像、法器、念珠、经书供品、供器、佛具、烛灯、唐卡、氆氇卡垫、灯具、盛器等等，系列配套与完整宗教工艺品。

这里，有必要略加介绍西藏“唐卡”艺术。“唐卡”相传是随佛教由印度传入西藏，源于印度古老宗教布画“钵陀”。在藏族地区则演变成各种人物、历史、经学故事、传说、文艺等人类生理、生活的绘画艺术品。宗教内容为其主体。“唐卡”制作，多半是在布、绒、绢面上作画，然后用锦缎装饰，两端加木夹轴心，缀有轴头画面上覆盖薄绢和双条彩带。成作后，需请喇嘛加持，并在此后盖有活佛喇嘛的金银手模，方能面世。种类繁多，主要者为刺绣、织锦、缂丝、贴花、印刷。“唐卡”绘制特点是运用鸟瞰全局、散点透视的手法，将远近景物组织在一个画面里。从“唐卡”的内涵和题材来看，具有各方面的功能与作用。既富浓厚的宗教性质，又是民俗生活不可或缺的艺术形式。“唐卡”大约始于公元7世纪，于12世纪至十三四世纪即形成了不同风格的流派和组织，皆有各自的画师队伍。著名的历史人物如萨迦班智达、宗喀巴、一世班禅克珠杰、五世达赖罗桑嘉措，都是画“唐卡”的高师能手。

本次展览会的陈列品，绝大部分是第一次面向包括中日两国人民在内的世界人民展示，它为有兴趣了解和研究西藏的历史及文化艺术的观众，提供了珍贵的历史纪念物和文艺实物资料。

谢谢光临！

致西藏自治区文化厅强巴平措厅长的信

（1988年6月）

强巴平措厅长以及各位副厅长和社会文化处：

今年4月，强巴平措厅长在京开会，以兴奋的心情观看了“西藏历史文物展览”，看望在这里工作的西藏同志，大家十分高兴，我也被这种亲切的气氛感染了。由于这个展览是在前两年办展的基础上筹备的，无论从哪个角度看，都有新的进步和特色，广大观众的反响是很强烈的，已有总结汇报。基于这种情况，当即向厅长提出了三条意见，其中就提出编辑、出版一本书，把这样好的展览的成果记录下来。强巴平措厅长满腔热情地听取了我的意见，并表示与其他领导商量。后来，洛桑同志告知我，厅长同意我们的设想，可以做具体的考虑。对此，我十分高兴，并衷心感谢各位厅长以及社会文化处的领导同志，我将和西藏展览馆的同志一道，尽心尽力把这个成果奉献给我所热爱、怀念的西藏人民。现将有关问题呈上，请各位厅长、社会文化处领导同志审定。

关于编辑、出版《西藏历史图册》的设想意见。近三年来，自治区文化厅连续组织三个展览在京展出，以无可争辩的历史事实，真实地展示了西藏的传统文化，再现了西藏历史发展规律的本来面貌，证明了西藏藏族之族源，不是什么西来说、南来说或唯内地说。青藏高原本来就是人类发祥地的源头，藏族是以土著为本，与邻近部族、民族长期相处逐渐形成的，有力地纠正了十一届三中全会以前对西藏和西藏人民歪曲的宣传（这种达20年有余的宣传，伤害了藏族人民的感情），歌颂了勤劳、智慧、勇敢、纯朴的藏族人民。藏族在世界屋脊上，不仅生存繁衍下来，而且在极其困难的情况下，创造了人类高度发达的物质文明和精神文明，这是其他任何民族所不能比拟的，对此，人们过去的认识是很不够的。总之，这三个展览，给首都和来自国内外的参观者以深刻的印象，产生着深远的历史影响。

基于这些思索和行为，所以今年4月强巴平措厅长到京时，在西藏展览馆同志的组织下，在"西藏历史文物展览"基础上，整理、编辑出版一本文图并茂的书。此举，我和在京的桑学、洛桑同志进行了充分的商量(因为他们是具体工作者)，他们的意见是："编辑、出版这个《图册》很有必要，但为了不至落空，需要列入出版计划，报文化厅审批方可。"假若厅领导同意并批准这一设想意见，我们会按照出版规定，很好地完成任务。就本人而言，与西藏同志一道，以报答我的第二故乡——西藏人民对我在西藏20年的关怀之情，以向建国40周年、西藏平叛民主改革胜利30年献一份薄礼。

现在就有关设想意见呈述如下：

1. 编辑书名。《西藏历史图册》（以下简称《图册》）。

2. 出版意图。《图册》向西藏人民提供了解自己历史发展的轨迹的机会，进而使其增强自尊、自信、自强感；向内地各族人民介绍西藏高原数万年前就有人类活动，藏族人民在世界屋脊创造了古代、近代文明，铲除历史遗留偏见，增进了解、理解和团结，向中国境外的人们证实西藏历史发展本来面貌，西藏与内地，特别是藏汉人民团结进步，相互依存的渊源关系。

3. 理论原则。《图册》必须以马克思主义的历史唯物主义为思想武器，坚持实事求是的思想路线，为主要读者——西藏藏族为主体的各族人民服务，为建设团结、富裕、文明的社会主义新西藏服务。在内容的编辑上，全书以西藏历史发展的客观规律为主线，以重要历史人物为龙头，以重大历史事件为依托，形成有骨、有肉、有血的有机体。在编辑手法上，以物定情（即定性分析），以实带虚（即定量分析），这就是说，以实物、实事说话，不做有偏见的、人为的结论。《图册》要十分注意的是以不同时期的生产力状况为基础，充分写出当时已达到和产生的物质文明和精神文明，一改过去那种虚无主义的做法。同样也要十分注意的是宗教产生、发展状况。宗教在西藏历史的进程中起过特殊的作用，占有特殊的历史地位，切不可忽视。在文物的选择上，特别注意"物"的实在性、准确性和典型性，以及为"物"所写文字的严肃性。

4. 体例篇幅。纵向方面，自西藏高原发现旧石器时代文化始，直至1959年民主改革完成；横向内容包括经济及以经济为基础的政治、文化、宗教、科技等内容。《图册》设想以编、章、节这样三个层次作为体例。大体的思路为四编、十七章、近四十节。这四编就是原始社会、奴隶社会、封建农奴制时代、民主革命时期。全书10万字左右，黑白、彩色图片100张左右。藏汉两种文本。印普及性的八开读物。

5. 工作安排。

①今年7月内，初步确定目录提纲。

②12月底前确定初稿。

③1989年第一季度，征求意见、讨论、修改、定稿。

④1989年第二季度，完成装帧设计、编排工作，同时发出征订计划，确定印数、发行量。

⑤1989年第三季度，完成印刷、装订，于庆祝国庆40周年、民主改革胜利30周年之际，在西藏公开发行。

6. 说明和希望。这本《图册》，假若能成行，那么果实应当首先归功于创造了丰厚文化资源的西藏藏族人民，归功于区党委、厅党组的关怀和支持，当然也归功于西藏展览馆、西藏文管会的同志们。我只是这个果实培育的倡议者，比较具体的工作还需要西藏馆的桑学、洛桑、白玛、阿龙等同志来做。

尚有几点说明和希望，请各位厅长指示。

①拟请区党委副书记丹增题写书名。

②拟请强巴平措厅长撰写前言。

③西藏展览馆编，出版单位为西藏人民出版社。我担任主编，洛桑同志为副主编，桑学、白玛为编辑，摄影师以阿龙为主，设计请西藏展览馆定。

④西藏展览馆和我采用投稿成书形式，请领导纳入1989年出版发行计划。

⑤一经厅领导批准我们的设想意见（与桑学、洛桑同志共同

讨论、商定的），请由展览馆桑学、洛桑同志与西藏人民出版社签订协议，以保证顺利推进工作。

上述当否，请予批示。

执笔：刘志清

赞同：桑学　洛桑

难以忘却的“答”与“问”

（2005年5月）

20世纪50年代末，北京十大建筑之一的北京民族文化宫在长安街落成。中国56个民族的团结、进步事业迈上新平台。民族文化宫博物馆以其成功的民族政策、悠久的民族历史、多元的民族文化、优雅的民族习俗展示给世人。博物馆中的西藏筹委会馆（简称西藏馆）引起观者浓厚兴趣并受到极大关注。他们在留言簿上写下了声声感叹：“展览办得好”“百闻不如一见”“是一部活的教科书”“中国的民族政策正确地成功地解决了中国民族问题，为世界民族国家解决民族问题提供了一个范例”。美国著名黑人领袖罗伯特·威廉写道：“在这里，我第一次感到了做人的权利，建议把这个展览搬到美国去。”

1962年，笔者自西藏出差到民族文化宫工作，每天面对千人乃至数千人的场面，既受益良多，又面临挑战、诸多提问、即时回答。到年底，我将前后所有提问，整理成60余条问答材料，次年返藏呈上阅示，并经有关领导机关审定。1964年民族文化宫批阅增容扩写。今天，将1962年底留存的50余条问答纪实，以“难于忘却的‘答’与‘问’”为题，真实地呈献给广大读者。

关于西藏封建农奴制

问：农奴没有财产，他们过的是奴隶生活吗？

答：西藏地方的农奴，一般可分贫苦农奴与中等农奴两个阶层。如果您说的财产是指从事农业生产的主要生产资料土地、耕畜、农具，那么他们没有土地是共同点。贫苦农奴根本没有，有的只是简单小农具。中等农奴比贫苦农奴好些，有自己的耕畜与较好的农具。虽然农奴制与奴隶社会是有区别的，但是，西藏农奴社会确实保持着大量的奴隶制残余。如农奴对农奴主的依附关系，农奴主对农奴所谓违法可以任意施以酷刑乃至处死等等。

问：西藏的宗教领袖和政府首领是不是一回事？

答：这里有三种情况。

一是既为宗教首领又为政府首领，如古代的八思巴，近代的七世班禅和十三世达赖；

二是宗教首领不是政府首领，如古代宗喀巴，近代的甘丹赤巴；

三不是宗教首领而是政府首领，如古代的松赞干布，清代的固始汗，近代的摄政或司伦。

问：达赖是否命令哪个人讨饭，哪个人就得讨饭？

答：我们没有看到过达赖命令哪个人讨饭。西藏过去讨饭的人都是被封建农奴制残酷压迫、剥削的农奴和奴隶。

问：领主与寺庙喇嘛关系如何？

答：喇嘛是对出家信教人的通称。他们是有很大区别的。绝大部分喇嘛出身于贫苦农奴家庭，他们在寺内参加劳动，受当权喇嘛的压迫和剥削。小部分喇嘛出身于贵族之家，本来就是领主，到寺庙又多半是掌权者，用钱买或被任命为行政僧官，这种喇嘛是贵族，是官家，又是寺庙头人。不难看出上层喇嘛与官家贵族都有着千丝万缕的联系。

问：农奴是哪几等？西藏有没有文盲？

答：过去西藏的农奴根据不同的社会地位分差巴、堆穷、朗生三种。过去西藏只在拉萨设有官办和私办的学校。官办学校只准贵族出身的子弟入学，私办学校学费极高，一般劳动人民上不起。因此，绝大多数劳动人民都是文盲。

问：活佛是人们很尊敬的，为什么还搞革命活动？

答：活佛是信仰佛教的。但是，任何一个宗教信仰者，除了信仰宗教外，还要生活，还要与现时社会发生关系。既然与现时社会发生关系，也就自然会产生自己对现时社会的看法、态度和行动。活佛不但有因对前后藏现实社会的不满而参加革命活动的，也有为了维护前后藏的社会而从事反革命活动的，这都不是什么奇怪的事情。

问：平叛前的农奴主是否用这些刑具虐待农奴和奴隶？

答：是的。西藏农奴制没有被推翻前，农奴主把这些残酷的刑具作为维护其统治的工具之一。

问：这种残酷的制度，从什么时候开始，到什么时候为止？

答：约在17世纪中叶五世达赖时期西藏就基本确立了封建农奴制度。1959年3月，原西藏地方政府和上层反动集团发动了全面武装叛乱，西藏人民在共产党领导下边平叛、边改革，到1960年底，民主改革在全西藏彻底摧毁残酷、野蛮的封建农奴制度。

问：西藏人民既然深受压迫，过去是否有过暴动？

答：历史证明了有压迫阶级存在就必然会有被压迫阶级起来反抗。西藏自然也不例外，如1847年，察雅寺横征暴敛，激起察雅县的差民起义杀了寺庙头人，焚烧了文书，捣毁了寺庙，夺回了栈塘乌差。

平息叛乱与民主改革

问：达赖逃跑之前后的经过如何？

答：关于达赖从罗布林卡出走的问题，有些别有用心的人借所谓达赖声明所说的人民解放军有两三发炮弹打向宫殿落入池塘的童话来攻击我们，以掩盖达赖的叛国罪行。试想，人民解放军既然有力量迅速平定拉萨地区的叛乱，如果它愿意先下手，当然早就可以把罗布林卡包围起来。因此，我们也就无法了解具体的情况。

问：西藏解放与别的地方是一样的，为什么要暴动？暴动后还要镇压？

答：西藏的解放，与其他地方有所不同，那就是西藏和平解放后，仍然原封未动地保持着封建农奴制度。

1959年3月，西藏地方发生的事件，是原西藏地方政府和上层反动集团为了永远保存反动的封建农奴制度而投靠帝国主义，分裂祖国的行动。这种行动是叛国的反革命行为。中国人民解放军是中国各民族人民子弟兵，为了维护祖国的统一，为了拯救西藏人民于水深火热之中，在西藏劳动人民和爱国进步的上中层人士一致要求下，与西藏人民一道平息了叛乱。这种正义的行动，如果用您的话叫什么“镇压”，那就是人民群众镇压了一小撮背叛祖国的反革命分子。

问：西藏叛乱的目的是什么？是否与中央有矛盾？

答：原西藏地方政府与上层反动集团制造叛乱的目的，是为了永远保存封建农奴制度，并且为此不惜投靠帝国主义，分裂祖国。至于说西藏叛乱集团“是否与中央有矛盾”，那就要看看他们与西藏劳动人民和爱国上中层人士有无矛盾。很显然，一方面要分裂祖国，维护封建农奴制度；一方面要维护祖国统一，改变封建农奴制度，当然是有矛盾的。中央人民政府是代表全民利益的，自然也是与叛乱集团有矛盾的。不过这种矛盾，我们一贯主张用和平的办法解决，最后采用了暴力的办法，那完全要由西藏叛乱集团负责。因为是他们把刺刀提到日程上来的。

问：人民起义（指西藏叛乱），怎么又出来个反动集团？

答：您提出这样的问题，可能是受了我们的敌人污蔑宣传的影响。我们要把这种说法反过来质问他们：西藏地区在1959年3月发生的反革命武装叛乱，明明是一小撮反动分子制造的，他们为什么要颠倒黑白地说成是“人民起义”呢？不过也难怪他们，对于人民的含义，他们向来是与我们有着迥然不同的理解。他们硬要把百分之零点几的反动分子说成是“人民”，把背叛祖国、背叛人民的反动叛乱说成是“人民起义”，那是他们的逻辑。

问：平叛时对喇嘛如何？

答：在平叛时，对在寺庙内不同的问题予以分别对待。对正当宗教活动，坚决维护；对于封建特权，坚决废除；对反革命破坏活动，坚决取缔。

问：西藏的改革为什么进行得这样晚？和平解放几年了为何不早改革？

答：实现社会改革，走社会主义道路，这是我国各族人民的共同道路。但是，中央考虑到西藏地区的状况，与其他地区有所不同，因此，在和平解放西藏办法协议中，不仅规定了西藏必须进行社会改革，而且还规定了改革时，必须同西藏上层人士反复协商。在西藏工作的干部和人民解放军忠实执行了这一协议，耐心地等待了8年。可是，原西藏地方政府和反动分子一直不同意改革，千方百计地阻挠改革，并且把中央的耐心等待认为软弱可欺，最后他们公然发动了武装叛乱。这就是西藏和平解放8年没进行改革的根本原因。

问：西藏叛乱被平息后，是否有新的协议？

答：西藏叛乱被平息后，各社会阶层、各机关团体，在现阶段的政治目标是一致的，就无须要什么协议。中央政府根据现阶段的革命任务和西藏的具体情况制定的方针、政策，就是西藏各阶层人民、各机关团体共同的行动纲领。

问：西藏的民主改革，对寺庙的贵族也赎买吗？不接受赎买怎么办？

答：寺庙内的少数上层喇嘛出身于贵族家庭。他们的家庭成员如果没有参加叛乱，自然是要赎买的。至于不接受赎买这有两种情况：一是未叛乱的贵族还想继续维持他们的压迫、剥削，不愿把生产资料拿出来归还给劳动人民而不接受赎买；一个是叛乱贵族自愿把自己的生产资料拿出来无偿地分给农奴，不接受政府给他赎金。前面那种情况没有发生过，后面情况确实出现过，但经过说服教育，还是接受了赎买金。

问：西藏的三大领主是否都参加了叛乱？

答：三大领主内部参加叛乱的人只是极少数。

问：有人说，中国政府镇压西藏人民，不让他们信仰宗教？

答：在回答您提的问题前，首先要说明，这个问题是真的吗？用“中国政府”这种提法本身就是错误的。下面回答您的提问。中央政府是一贯奉行宗教信仰自由政策的。说我们不让人民信仰宗教的有两种人：一种是别有用心的惯技，他们的话在明白事理或了解事实的人面前，只能成为笑料，别无其他作用；另一种是并无什么恶意的人，他们不了解真相，也不认真思索，人云亦云。

问：参加叛乱的大部分是西藏人还是小部分西藏人？

答：参加叛乱的两万人左右，其中大部分是被欺骗的劳动人民。在这两万人中，四川甘孜的康巴人约占三分之一。

问：你们对叛国分子的财产是如何处理的？

答：我们对叛乱分子的财产施行没收政策。即叛乱分子的财产，除为叛乱分子本人及家属留下必要的生产资料和生活资料外，其余的全部没收分配给农奴，已跑在外的叛乱分子不留财产，如他们投诚归来，政府会妥当安排他们的生活。

问：西方说，你们摧毁了西藏的传统，这是怎么回事？

答：这一类的话，都是西方那些无视我们的人的污蔑。不过，这些先生说我们“摧毁了西藏的传统”，不管他的用意如何，确有几分真实。如像在西藏的帝国主义势力、封建农奴制度、摧残人生命的种种刑具，劳动人民那种食不饱、衣不暖的悲惨生活，这一切在西藏流传百年、千年不能不是传统，这些传统确确实实地被站起来的西藏人民摧毁了。但是，为西藏人民群众所喜爱的那些传统，如风俗习惯、文化遗产、宗教信仰等等，不但没有摧毁它，而且还要尊重它、保护它，有的还要发展它。

和平解放、领土完整与“西藏独立”

问：和平解放西藏是哪年哪月？

答：《中央人民政府和西藏地方政府关于和平解放西藏协议办法的协议》，是1951年5月23日签订的，自那天起西藏就宣告了和平解放。

问：什么叫金册、玉册？

答：皇帝封赠下属的命令，把它刻在金版上的叫金册，刻在玉版上的叫玉册。

问：西藏何时独立的？

答：您提的这个问题，根本就不存在。西藏自元代（1253）纳入中国版图以来，一直是我们伟大祖国不可分割的一部分。尽管帝国主义和外国反动派处心积虑地想搞“西藏独立”，以达到他们不可告人的目的，但是都遭到了西藏人民坚决反抗而没有得逞。既然西藏没有独立过，又怎么会提到“西藏何时独立的呢？”

问：金册、玉册是多少年前的东西？

答：六世班禅的十页玉册是1780年（清乾隆四十五年）赐予的。七世班禅的十三页玉册是1838年（清道光十八年）赐予的。

问：印度不承认西藏是中国领土，是真的吗？

答：印度政府始终承认，西藏是中国的一部分，中国政府享有对西藏的主权。不过，自西藏发生叛乱事件以后，印度有些人士（包括尼赫鲁先生在内），曾经说过不利于中印团结的话。也有印度个别官员散布过西藏是一个“国家”“自治国家”的言论。

问：西方报纸说西藏现在还有武装卫兵，是真的吗？

答：西藏是我国西南边疆，为了保卫祖国的安全，防御帝国主义和外国反动派的入侵，为了保卫西藏人民的革命果实，那里必然要有自己的武装，这有什么值得大惊小怪的呢！

问：八思巴印是哪个朝代哪个皇帝赐封的？

答：八思巴的玉印有两颗，一是1260年（元中统元年）封为国师时所赐，一是1269年（元至元六年）封为大宝法王所赐，都是元世祖忽必烈所赐。

问：既然西藏是中国的一部分，为什么要和平解放？

答：正因为西藏是中国的领土，而这块土地上的劳动者，受到帝国主义和封建农奴制度的残酷压迫和剥削，所以中国共产党和他领导的中国人民解放军才有解放这块国土的神圣义务，和平解放西藏是中国人民解放军解放领土的形式之一。

问：1812—1825年间，有哪些文件能证明西藏是中国领土不可分割部分？

答：在这13年里，西藏发生过一些大事。边境方面，尼泊尔发生内乱，锡金对尼泊尔提出过领土要求，英帝侵入尼泊尔等事件。这些当事国先后向驻藏大臣提出请求支援或请求调解的文件很多。西藏方面，1815年九世达赖死，嘉庆有手诏吊唁和命令寻访灵童，命第穆担任摄政，1818年令策默林担任摄政，1823年

（道光三年）命令抽签方式确定十世达赖转世等文诰。

问：封给达赖班禅的金印内容是什么？

答：1652年（顺治九年）封给五世达赖喇嘛的金印汉文内容是“西天大善自在佛所领天下释教普通瓦赤喇怛喇达赖喇嘛”。1713年（康熙五十二年）给班禅的封号是“班禅额尔德尼”。

问：班禅和达赖有无血统关系，他们的政治地位有无主次？

答：班禅和达赖曾经是师兄关系，并且由清朝皇帝把这种关系肯定下来。即达赖、班禅年轻者拜年长者为师兄。如四世班禅是五世达赖的师兄，十三世达赖是七世班禅的师兄。他们没有血缘关系。1838年、1846年，七世班禅奉旨执行藏王职权，五世、七世、十二世、十三世达赖都曾经执行这种职权。所以，班禅和达赖二人，在历史上都做过西藏地方政治首领。不过，达赖充当政治首领的时间、次数较长、较多些。

问：历史上达赖、班禅和祖国的关系如何？

答：历史上，在没有帝国主义挑拨离间的情况下，达赖、班禅和祖国的关系是亲密、融洽无问题的。三世达赖和蒙古族的关系很好，和明朝常有往来，五世达赖和四世班禅早在清入关前就同他们有密切的联系。入关以后，五世达赖、六世达赖、九世达赖、十三世达赖等都先后亲赴北京，朝见清朝皇帝，并得到了皇帝优厚、隆重的接待。六世达赖、五世班禅以后历代班禅、达赖的圆寂、转世、坐床、受戒、亲政等重大事务，都要向中央政府呈报并认可。只是在英、美帝国主义势力侵入西藏以后，达赖与祖国的关系才在某些时候，发生过一些不正常现象。

达赖和班禅的关系

问：达赖和班禅有何区别?

答：达赖喇嘛和班禅额尔德尼都是西藏的佛教领袖。目前，达赖喇嘛叛逃在国外，而班禅积极领导西藏人民反对帝国主义势力，进行民主改革和新生活建设，这就是事实上的区别。

问：达赖和班禅的封号是清代定的吗？藏传佛教是何时兴起的?

答：达赖和班禅的封号不是起于清代。达赖二字是蒙古语，意为“大海”。1580年明代万历八年，顺义俺答汗以此称宗喀巴弟子更登珠巴的第三代转世索南嘉措，以“遍知一切瓦齐尔达赖喇嘛”的尊号，达赖的名号自此伊始。1653年清朝顺治十年，正式册封更登巴的第五代转世罗桑嘉措为达赖喇嘛，开始过问西藏政治。班禅的班字是梵语班智达的略语，意思“博学者”，精通各种学问的人。16世纪中叶，西藏佛教徒以班禅二字称宗喀巴的第四代转世罗桑确吉，后来清顺治、康熙皇帝给他的信函也都沿用此名，班禅二字成了固有名词。

问：西藏的喇嘛住在寺庙里，他们怎么走到社会主义？西藏人民现在还向寺庙送孩子吗?

答：西藏将来要建设社会主义，而且也一定能建成。到那时，既然社会形态变了，居住在这个社会上的人，不管你信仰如何，是僧是俗，是住在寺庙里还是住在民房里，都是社会的成员。人民群众如果有人愿意送自己的孩子进寺庙，人民政府是保护这种自由的，不过平叛前，当不当喇嘛常有很大强制性，现在是完全出于自愿，因此，送自己的孩子当喇嘛的人大大减少了。

西藏现在情况

问：民族地区和少数民族人口中是否包括西藏？

答：我国是一个统一的多民族国家，西藏地区是我国领土，民族地区统计少数民族人口，自然包括西藏居住的藏族人口。

问：西藏的现在情况如何？

答：西藏平息叛乱以来，已发生了很多根本性的变化。叛乱被平息，劳动人民在政治上翻身做了主人，在经济上分配了土地、耕畜、农具等生产资料，生产积极性空前高涨，连续三年获得丰收，物质生活和文化生活有了很大的改变，对爱国上中层人士，政治上做了适当安排，经济生活也不低于改革前的水平，正当的宗教活动不但得到了人民政府的保护，而且以宗教为职业的人士若有生活困难人民政府还要帮助解决，目前，西藏人民正意气风发为建设美好新西藏而努力奋斗。

关于少数民族、工人阶级、社会主义、共产党组织

问：西藏有没有坚强的工人队伍？有没有党的组织？

答：西藏是中国的领土，中国是一个整体，这是认识西藏问题的大前提，离开这个前提很容易得到错误的结论。任何人都知道中国有自己的工人队伍，并且有它的先进组织——中国共产党，那么这个工人队伍和它的先进组织自然也是属于西藏。中国工人队伍和中国共产党的组成，是包括中国各个民族的成员的。

问：西藏的党员是他们自愿提出申请的吗？

答：中国共产党是中国工人阶级的先锋队，每个中国公民均可加入中国共产党，不仅是个人申请，而且还是那些具备了党员条件的人，才能被党的组织接收。

问：西藏是不是一个少数民族？人口多少？进到印度去的藏族有多少？

答：西藏是我国一个地区的名称，而不是民族的称谓。藏族人口约有277万人，居住在西藏境内的约120万，其余分布在四川、青海、甘肃、云南等地。叛乱分子在中国人民解放军的沉重打击下，是有一小撮反动家伙裹挟少得可怜的劳动人民进入印度，他们当中已有一部分人挣脱叛乱分子的控制，陆续地返回了祖国。

第三部分　传统文化

“中国西藏文化展览——秘宝和传统工艺精品”陈列提纲

（1992年5月日本东京“中日友好协会”会馆展出）

一展厅

1. 序

（1）展题“中国西藏文化展览——秘宝和传统工艺精品”［阿沛·阿旺晋美（题）］

（2）前言

中日两国人民友谊源远流长，民族文化交流历史悠久。为不断加强相互了解，增进友好往来，我们举办了这个展览，并通过展览，向日本人民致以诚挚的敬意！

西藏位于中国的西南边疆，青藏高原的西南部，土地富饶、山河壮丽，面积120多万平方千米，平均海拔4000米以上，是世界上面积最大、海拔最高的高原，素有“世界屋脊”之称。

西藏现有人口219万余人，其中藏族209万余人。西藏各民族人民勤劳勇敢、富有智慧，在青藏高原上创造了独具特色的灿烂文化，是中华各民族文化中的重要组成部分。

西藏文化，在语言、哲学、历史、科学技术、文化艺术、民族工艺、民族风情等方面，都有其独特的传统和创造。同时，又与中国其他兄弟民族，特别是汉民族的文化有着密切不可分割的渊源关系。本次展示的藏族秘宝和传统工艺精品，包括金属器物、木制器具、皮毛织物、宗教祭品、佛像雕塑、唐卡艺术（一种布卷画），绝大部分是具有极高艺术价值的珍品，第一次向国内外公众展示。愿这个展览给日本人民带来愉悦和享受。

谢谢光临！

中华人民共和国国家民族事务委员会

中国人民对外友好协会

1991年4月

（3）贺词

“中国西藏文化展览——秘宝和传统工艺精品”在中日双方共同努力下得以在日本展出，是一件值得庆贺的事情，我希望这个展览能为广大日本朋友提供一个了解中国西藏的机会，我谨向为本次展览给予诸多帮助的日本各界人士表示衷心的感谢，并借此机会，向广大日本人民致意。

预祝展览圆满成功！

阿沛·阿旺晋美

1991年4月

（4）地图

中华人民共和国地图（标出西藏自治区在地图上的方位）。

（5）实物：金奔巴瓶（另有说明）。

2. 佛像

（1）宗喀巴大师佛像——藏传佛教格鲁派创立者。

（2）骨质佛像。

（3）墨玉石佛像。

（4）石刻观音菩萨像。

（5）佛龛、长寿佛（明永乐年间）。

（6）双体佛——俗称“欢喜佛”（清代）。

（7）长寿佛（清代）。

（8）三空行母佛——供在密宗经堂里。

（9）曼荼罗。

3. 法器

（1）银质高足壶：活佛等喇嘛做佛事时用以盛水为教徒洗礼之用。

（2）净水壶：（清代）佛教僧侣盥漱用具。

（3）铜壶：浴水法器。

（4）银宝瓶：（清代）喇嘛灌顶用的法器。

（5）提香炉：喇嘛出行或跳神时用。

（6）嘛呢轮僧侣祈祷用。

（7）铜杵（清代）：佛教密宗用以表示驱掉烦恼降伏恶魔的法器（二件）。

（8）转经筒：喇嘛转经的器物。

（9）面具：喇嘛跳神时用，平时挂于经堂内（二件）。

（10）法轮（清代）：佛教七珍宝之一（二件）。

4. 服饰工艺

（1）男子服饰

原地方四品以上官员俗官穿用的长袍。

原地方三品以上僧官穿用的长袍。

原地方三品以上僧官穿用的长袍。

喇嘛上衣。

喇嘛穿的袈裟。

喇嘛围腰。

（2）女子服饰

女模特一个，穿戴以下服饰：

藏族妇女长袍一件。

内衣一件。

围裙一件。

珍珠珊瑚三角头饰一件。

胸饰“呷乌”一个。

5. 唐卡

（1）释迦牟尼佛：佛教创始人（清代）。

（2）宗喀巴佛（清代）：藏传佛教格鲁派创立者。

（3）普贤菩萨像（清代）：音译“三曼多跋陀罗”，佛教菩萨名。中国佛教四大菩萨之一。

（4）千面千手观音佛：佛教菩萨名，六观音之一。

（5）千手千眼观音佛（清代）：佛教菩萨名，六观音之一。

（6）慈氏（弥勒）佛（清代）：弥勒，藏语强巴，意为慈氏，佛教传说中弥勒将继承释迦牟尼未来佛。

（7）顶髻白伞盖佛母（清代）。

（8）药师佛：亦称“大医王佛”“医王善逝”等，是东方净琉璃世界的教主。

（9）北方多面天王傣佛教四大护法神之一。

（10）长寿佛（清代）。

（11）燃灯佛（清代）：相传弦佛在出生时身边一片光明如灯照，故得名。

（12）五百罗汉（清代）：佛教罗汉名。传有两种说法：一是第一和第四次集结的有五百比丘，一是常随释迦牟尼听法传道者为五百弟子。

6. 装饰品

作为烘托气氛与佛像艺术有机结合的布置：

（1）门窗房梁上的档梁布。

（2）小经堂顶篷。

（3）装饰挂幡(二件)。

（4）圆柱挂幡(二件)。

（5）哈达（二件放置在佛龛上）。

二展厅

1. 乐器

（1）大喇叭：喇嘛跳神和做佛事时使用的乐器。

（2）小喇叭：喇嘛跳神和做佛事时使用的乐器。

（3）法螺：用于佛事和军事上的乐器（清代二件）。

（4）铜铃：做佛事时使用的乐器（明代一件、清代一件）。

（5）法鼓：佛教密宗使用的乐器（清代）。

2. 供品

（1）银佛盒。

（2）曼达（清代）："曼达"意为世界（8件），佛教经堂里的供品。

（3）轮王七宝（清代）：佛教经堂里的供品，在佛教里视为吉祥。

（4）嘎布拉碗（清代）：佛教经堂里的供品（二件）。

（5）酥油灯：佛教经堂里的供品。

（6）银盒。

（7）银盆。

（8）喇嘛宝塔。

3. 木、玉、石、银质用品

（1）活佛使用的玉雕茶碗。

（2）活佛使用的银碗。

（3）活佛使用的高足银碗。

（4）茶壶（清代）。

（5）银奶筒。

（6）藏民使用的酒壶俗称"喜酒壶"。

（7）酥油壶。

（8）糌粑盒。

（9）木质糌粑盒。

4. 帽子

（1）原山南王的母亲或妻子在重大节日时戴的“珍珠女冠”。

（2）喇嘛佛冠，冠由五片佛塔连接而成，张开似扇，每片中央有一佛像，外围是八宝，念经时用。

（3）铁棒喇嘛戴的鸡冠帽。

（4）大喇嘛、活佛传教、传法时戴的尖顶帽。

（5）大喇嘛、活佛传教、传法时戴的平顶帽。

（6）普通喇嘛抬轿时戴的帽。

5. 鞋类

（1）喇嘛长筒靴。

（2）男式嘎洛鞋。

（3）单层女藏靴。

6. 毛、棉织品工艺

（1）喇嘛装痰用的佩袋。

（2）佩在马背上的马缠。

（3）喇嘛用的桌布。

（4）喇嘛用的凉篷顶。

（5）西藏江孜卡垫（二件）。

初心不忘　回望西藏

（2016年9月）

祖国西藏地区，是地球与世界集最之域。

这里是地球上山系山脉最集中，地球上山体最大最高，地球上江河源头最多，地球上湖泊最高最无污染，地球上造山运动最壮观之地。

这里也是世界上农奴制存在时期最长，世界上农奴和奴隶被奴役程度最深，世界上宗教色彩最浓，世界上废除农奴制最彻底，世界上近现代实现跨越发展最快的地方。当代西藏人民备受关注、接受全国支援，于世界各民族中亦最耀眼！

一、大美江山中华故土　雪域高原气象万千

300余万年前，西藏地区还是汪洋大海。历地质沧桑，海洋变迁，陆地出世。唐古拉山首个冲出古海，雅鲁藏布江继之现身，喜马拉雅接着隆起，“地球之巅”傲视群芳。青藏高原主体西藏即怀于喜马拉雅山、冈底斯山、昆仑山脉和唐古拉山中。此乃西藏之四大山系。

海洋退，陆地现，造就出：藏北草原，牧业之都；藏南谷

地，粮仓之城；喜马拉雅，冰河之源；藏东群峰，森林之海，此乃西藏的四大宝地。

海洋降，陆地升，海水异化成淡水，围造出高原湖泊，羊卓雍错、纳木错、奇林错、玛珐木错，此乃西藏的四大湖泊。

西藏不仅地貌秀美多姿、气象万千，地域表里更是植物繁多稀有，动物群种应有尽有，矿产奇品富藏独厚，地热喷泉齐布满藏。

西藏天是蓝的，云是白的；远眺牦牛奔跑，羊儿星星点点；近景油菜花染天，格桑花儿芬芳。“世界屋脊”不是江南，胜似江南。西藏地美、人美、民族优秀，历史悠久。点赞西藏中华故土。

西藏20年，笔者第一步是沿着藏民族起源地雅隆河文物调查试水的。重点在山南泽当。“泽当”藏语意为“猴子玩耍的地方”，亦可谓“猴子变人的地方”。现山南专署所在地泽当有一“猴洞”。洞阔5米左右，深长约10余米。据传，在数万年前，“洞中一只猴儿与天外来此的女魔”结伴，生下6只猴，3年后聚集500只猴群。猴洞容纳受限，只好沿着雅隆河而去，由于大自然的恩惠，猴们变身为人。其中有三位杰出者被指派到前藏、后藏与康巴三地为王。即今之前藏、后藏、康区西藏行政区域。如此生动的“神话”，在甘肃敦煌藏文文库、《西藏王统记》等史书及布达拉宫、罗布林卡的宫墙壁画上都有翔实的描绘。

事实上，“神话”已被近百年特别是20世纪中叶以来所见文献、文物与考古材料证实，雅隆河是藏族先民原生地，同时又有来自“三苗”“西羌”“鲜卑”诸部族频繁交往，长久融合参与藏族先民组成。又根据敦煌石窟文献和藏文史籍提示，公元7世纪前，西藏地区有44个小王，继之聚成12个王。称“王”或“大臣”说明西藏原始社会寿终，奴隶制兴起。雅隆河哺育的民族大英雄松赞干布应运而生，统一高原部族，建立了西藏第一个王朝即“吐蕃王朝”，亦标志着藏族的形成。

“吐蕃”藏族自称为“博”，居此部族者为“博巴”（“巴”即人）。“吐蕃”系唐代所称，宋代为“西苗”，元代谓“乌斯藏”，明清曰“图白忒”，清康熙帝赐名为“西藏”。13世纪，西藏封建农奴制全面确立。主要标志是1271年元朝统一了包括西藏在内的全国，中国历史又获得了一大进步。元中央政权支持佛教萨迦派建立萨迦王朝地方政府，藏传佛教耳目一新。该派集政权与神权一身，铸就了西藏封建农奴制“政教合一”之端倪，中经明清中央政权鼎力掌控，至黄教派五世达赖喇嘛时期，一个古典的“僧侣贵族联合专政”的西藏地区封建农奴制度完全成熟，直至1959年，崛地而起的“农奴解放”风暴，将其彻底摧毁，送进了西藏历史博物馆。

西藏历史的进程，是中国历史发展的重要组成部分。在历史发展长河中，汉族为主体各民族融合的中华民族，始终牵挂着西藏的命运和前途。因为，大家同根同源同宗。

特别是卡诺遗址的发掘，大量出土文物证实，它与中原同期类型遗址文化概况有着千丝万缕的联系。四川大学与西藏自治区文物管理委员会合著《昌都遗址》一书，就藏族人种血缘关系分析结果为：“我国藏族地区两种体质类型A和B型，藏族属黄色人种，东亚和南亚相混杂的中间类型。”我国第一个藏族博士与文化人类学博士格勒在《论藏族文化起源形成与周围民族的关系》一书中写道："青藏高原的古代文化一方面具有石器时代，一脉相承的土著文化特点，另一方面又吸收融合北方游牧民族胡文化、黄河流域的农耕氐羌文化、长江流域和东南沿海的百越文化，促成了藏族自身多元文化及其文化复合性特点。"我国著名史学大师范文澜教授在《中华民族的发展》一书中指出："中国各地按地区文化遗物来源推测新石器时代的人，就是后来构成中华民族的祖先。"上述三段引用的话语乃是科学的真谛。

笔者于1962年出差江孜、亚东，一路途经了三个不同季节气候环境、地理结构、地貌生态。出于好奇与向往，从4000余米的帕里高原向着喜马拉雅山峰东吃力地行走了3个小时，气喘短促、呼吸困难、体力不支，意识到后尽快后转，回到住所，切身体悟到大自然对人活动的极大影响，再加上读了几本地志，故在《西藏考古与西藏高原原始文化东向开放》文中感言："依据地理资料证实，以西藏地区为主体的青藏高原，原系一片浩瀚的海洋，经过漫长的地质与地壳运动、板块碰撞、海陆异化，藏北唐古拉山首先现世，雅鲁藏布江畅流地表，喜马拉雅山最后隆起……特别值得注意的是喜马拉雅山处于西藏南部，在我国与印度、尼泊尔、不丹等国接壤，为一东西走向的弧状山系，全长2400千米，南北宽200～350千米，平均海拔6000米左右。这样一个西高东低徒步艰难、超特大斜坡给整个高原有生命之物特别是人类的交往行动，产生了难以逾越的天体障碍，这就是数万年前栖居的原始人群，数千年前的藏族先民，西向发展受到难以克服的自然阻止和制约……更何况在那种原始生产力的状态下，与自然较劲是弱者。亦即直接证明了西藏原始人群、藏族先民及其文化，东向开放与发展的纯地理自然条件起到决定性作用。古往今来，人类交往行进中，自然生态与地理因素是绝对不可忽视的。”

我们通过对自然生态学、地理学、地质学、考古学、人类文化学、文献学、历史学等学科粗浅分析与运用，不难看出，西藏地区与中原乃至各个民族地区的人文起源是一脉相承的，又各具地区特色与民族性特点。中华民族人文地理版图，早在“多元一体”形成中锁定，中华民族有着共同的祖先这一核心渊源关系，藏族自古以来就是中华民族优秀成员之一，西藏区域从来就是中国领土不可分割的一部分。后文字历史就更加一目了然了！

秦汉时期：西藏与内地政治互动、经济联系、文化交往、相互了解；唐朝时期：政治联姻、唐蕃一家、经济互动、生产互通、文化紧密、互相融合；宋朝时期：经济紧密、茶马互市、政治往来、重加赐封；元朝时期：政治一体、版图统一、直辖全藏、赋税定制、经济互济、文化互融、宗教受重、良性互动；明朝时期：明朝与西藏序列传承、多封建政、交往多元、沟通频繁；清朝时期：对西藏全面介入、章程治理、设置大臣、上下联动、开设商埠、兴办贸易、内地建寺、传承文化；民国时期：五族共和、号令畅通、民族统一、入围中央。

中国共产党1921年成立至1949年中华人民共和国成立以来，在长期的革命、建设、改革开放伟大征程中，逐步形成完善的中国化马克思主义，在关于解决民族问题，推进民族工作的理论、纲领、方针、政策方面，走出了一条中国特色社会主义解决民族问题道路。就西藏而言强调：坚决反对“藏独”，维护国家统一与安全；慎重稳健是西藏工作的基本方针；西藏必须推行改革，但要时机成熟，包括上层人士的同意，全力支持百万农奴彻底推翻农奴制，让农奴当家做主；认真贯彻民族与宗教政策，尊重宗教信仰自由；大力发展经济，改善与提升民生；保护优秀传统文化，尊重民族生活习惯；全面实现小康，一个民族都不能少，不能落伍。正因为如此，方有今日与时俱进的巩固、增量和强化着中华民族向心力、凝聚力与原动力，离实现中华民族伟大复兴中国梦更近了。

二、团结奋进跨越发展　今昔比照两重天地

西藏，1959年的民主改革，百废待兴，直面现代文明零点启动，慎重稳进，最终实现跨越发展；西藏，1959年的民主改革，既要废除农奴制，又得同步设置新制，建立新秩序。如此，空前的历史变迁，始自1950年“进军西藏，巩固国防”的伟大壮举。国际各种反华势力与西藏境内分裂国家、妄图永久保存农奴制之上层反动集团相互勾结、狼狈为奸，在政治、经济、军事、外交、文化全方位与中国人民展开殊死较量。1950年10月，解放昌都，给敌人致命一击。1951年5月23日，在北京签订《中央人民政府和西藏地方政府关于和平解放西藏办法的协议》。人民解放军“边进军、边建设、边修路”，克服了常人难以想象的艰难险阻，于1954年10月解放拉萨，五星红旗插上了“世界屋脊”。斗争仍在由隐蔽到公开、复杂、尖锐中进行。1956年5月赢得了成立西藏自治区筹委会的胜利。1959年3月至1961年两年平息西

藏反革命武装叛乱，西藏历史翻开崭新的一页。笔者进藏后耳中听到的“西藏的太阳，是东方慢慢升起来的”话音不绝于耳。的确，西藏人民经历了“从黑暗走向光明，从落后走向进步，从专制走向民主，从封闭走向光辉历程”。（摘自《西藏民主改革50周年画册》）

翻身农奴对我们说：“达赖的太阳照在贵族身上，毛主席的太阳照在我们农奴身上。”那么，什么是达赖的“太阳”，达赖“太阳”下的西藏又是什么样？

我们以旧西藏社会恶果为例：社会财富80%以上被仅占人口5%的农奴主占有，95%的农奴和奴隶仅占有20%，“绝对贫困”不是理论而是活鲜的，当时农奴的生存权、人身权就可见一斑了。当时的西藏生产停滞、文化枯萎、疾病蔓延、人口日减。据1959年统计，全藏播种1克种子（1克为14公斤），秋收平均产出3～5克（即40～70公斤）。主要牧区黑河统计，牛成活率和怀胎率均为40%～50%，羊则分别为30%～50%，70%～80%。人口由1737年（清乾隆二年）的100余万，至1959年为96万。我国著名爱国人士、全国人大常委会原副委员长阿沛·阿旺晋美于1950年痛心地说：“照这样下去，用不了多久，农奴死光了，贵族也活不成，整个社会就得毁灭。”十世班禅额尔德尼大师在1988年接受《民族团结》杂志采访时沉重地回答：“1959民主改革前，西藏处于政教合一、僧侣和贵族专政的封建农奴社会。其黑暗、残酷的程度，恐怕比中世纪欧洲的农奴制度有过之而无不及。”（上述两条用语，均摘自《西藏民主改革50年画册》）这是发自西藏上层爱国者的心声。百万农奴抛弃了“不在沉默中死亡”而是“在沉默中爆发”了革命！正如西藏工委原副书记、军区司令员张国华在一次干部大会讲话上指出：自进军西藏，“西藏人民看了八年，比了八年，想了八年”，最终意识到只能是在中国共产党英明坚强领导下，团结奋进，彻底埋葬了世界最后一块农奴制地块，自我解放，当家做主，圆满实现了农奴之梦。民主改革成功50年来，西藏更是在改革开放中实现跨越发展。全国支援与自力更生高度结合，西藏社会生产总值由1959年的1.74亿元，到2008年升至395.81亿元；人均总产值量由1959年的142元，增至2008年的13861元，人均寿命由1959年的35.5岁升至2008年的67岁。如今，西藏人民同全国各族人民一道迈进中国特色社会主义道路上，将同步全面实现小康，实现中华民族伟大复兴梦！

毛主席曾指出：“中国没有少数民族是不行的。”邓小平同志提醒：“民族问题很重要。”党的十八大以后，习近平总书记多次强调：全面实现小康社会，“一个少数民族都不能少”“不能让一个民族落伍”。如此一脉相承而又与时俱进的理论思考、战略实践，细化作为，正是西藏问题不断深化向好再向好解决之内核动力。笔者1960年进藏至1980年离藏，恰是西藏20年光彩华章大书特书的非凡年代。毫不掩饰地说，笔者是亲身见证者，更是积极参与者。

三、难忘初心定位人生　走自己路感谢党恩

见证与参与，是笔者将读书与实践、直接与间接、专业与需要知行合一实现的。进藏发自内心：“祖国的需要就是我的志

愿！”祖国也满足了学子之愿。自西安出发，经兰州参与多省“进藏学生军”。在甘肃峡东火车站转乘人民解放军敞篷军车。前有装甲“开道”，尾随坦克“护送”，食宿兵站，艰难行进六天抵达拉萨。数百名应届毕业生，专业五花八门，其中有学汽车、火箭、钢铁的，在分配单位时无人接领，只好退回原校。笔者被分到筹委会文教处，一时激起喧笑，“西藏是宗教地区，怎么考古？”雪域高原有什么“古”可“考”云云。为了抢救文化历史遗产，叛乱基本平息后，国务院批准一名应届生和两名有实践经验的文物考古工作者进藏工作。名额落到西安和南京。笔者是“幸运儿”，即与来自西安半坡博物馆、南京博物院的两位老同志聚集，加上三名藏族同志（中有一位爱国上层人士）组成了西藏第一个文物考古机构，即西藏筹委会文教处文物组。中共西藏工委适时地制定出“集中起来，保管好”的文物工作方针。值此，笔者的人生定位与提炼有了明确方向，走自己的路，积极向上，作为亦即由然展现。

第一个作为：参与组建文博机构。1960年9月至1962年8月，先后参与筹委会文教处文物组、自治区文管会、自治区档案馆、西藏革命展览馆筹办和兴建工作。自此，西藏地区有了开展文博、文献、展览事业机构。笔者在其中起着小螺丝钉的作用，感到无上荣耀。

第二个作为：负责部分地区文物调查征集工作。进藏后先后参加拉萨、山南、江孜等地重点文物的调查，并负责征集、收藏、整理和保管文物。在不到两年的时间里，文物组共收藏了包括西藏与历代中央、藏汉族关系、抗英斗争在内的珍贵文物、文献两万余件。由此，为后来文博考古、展览宣传、社会教育、信息资源等领域工作奠定了基础。

第三个作为：参与重点文物保护单位筹报。1961年初，与另一同事执笔起草拟报全国与自治区重点文物保护单位之背景材料、申报文件，“江孜宗山抗英遗址”等9个单位被国家文化部确定并经国务院批准为全国第一批重点文物保护单位，“拉萨小昭寺”等13个单位被区筹委会批准为自治区第一批重点文物保护单位。从此，西藏地区的文物考古，文化传承有了法律保障。

第四个作为：参与西藏首个文物陈列。在有关领导机关组织与指导下，文物组经对20000余件文物整理、选择与研究，集中5000余件文物珍品，同时北京故宫博物院、民族文化宫将所藏部分原件和复制品无偿支援西藏约300件。于1961年底，在拉萨罗布林卡（意为“宝贝园林”）“金色颇章”即十三世达赖喇嘛冬宫小经堂筹办了“西藏是中国领土不可分割的一部分”内部文物陈列。内容涵盖早至隋唐，经宋元、明清至民国，1300余年的文献、文物和考古材料。此乃西藏或全国首次举办关于西藏与祖国关系的历史文物展示。党政机关和部分爱国上层人士观看后，甚为惊喜，反响强烈，要求尽快充实提高，扩大宣传教育面。可见陈列具有重要性、必要性与深远意义。笔者在其中承担草拟方案、文字编辑和布展陈列任务。

第五个作为：参与首开西藏灵塔考古先河。1964年5月，由西藏外事处组织，时任全国政协常委、西藏自治区筹委会副主任委员帕巴拉·格列朗杰亲自指导与主持，由一位考古前辈与笔者，发掘了拉萨东南郊聂塘阿底峡灵塔，取出部分灵骨灰后当即封塔。我们整理有关材料、纪要、包装骨灰盒并做成详尽的纪实片后，由西藏区筹委会呈外交部，很快赠予巴基斯坦政府。工作成果受到国务院有关部委、西藏区筹委会的好评，巴基斯坦政府亦向中国表示十分感谢！阿底峡高僧是位资深的印度佛学家，一生著作及译著百余部，培养印度、巴基斯坦和我国佛学子弟千余人。他于1042年应邀从阿里地区入藏，历12年走遍前、后藏及阿里，讲经说法，弘扬佛说，为藏传佛教的复兴与成熟，为中印、中巴文化交流做出贡献而受到尊敬。高僧于1054年在拉萨圆寂。为纪念这位千余年前中巴民族交往使者，应巴基斯坦政府之请，在他故去920年之际，将部分骨灰返回故里以却追思。笔者在这次活动中，除现场发掘开光外，还完成了有关组织文字工作事宜。

第六个作为：西藏革命展览馆创办的“元老”之一。1965年9月，为西藏自治区正式成立的日子，是西藏历史上开天辟地的大事，区党政机关决定兴建一座展览馆，以迎接自治区的诞生并作为长期进行多种宣传与教育的场所。同年2月，中共西藏工委副书记、西藏军区副司令员王其梅指示召开筹办馆会议。会上决定工委宣传部部长张再旺为展览馆筹备领导小组组长。地址在布达拉宫前，占地4000平方米。笔者由文管会、档案馆调至馆办工作。半年奋战，以八个分馆3600平方米的陈列面积，以极其丰富的内容展现在世人面前。为拉萨庆祝西藏自治区成立最受“热捧”的活动场所，展现出以历史画卷与现实新貌无缝结合的亮丽风景廊，亦成后来接受教育、陶冶情操、认识西藏、获取信息的人文智库。该馆名称牌匾，中央领导同志很上心，多次热议与推敲，最后由敬爱的周总理提请朱德委员长定夺，朱老总手书：“西藏革命展览馆”。展出后，受到了多方面高度好评与赞赏。其核心内容，后来在国内外做了大量展示与宣传。为迎接西藏自治区成立10周年，提前一年半，在北京、沈阳、西安请来15位雕塑、绘画专家到西藏创作。1975年9月在热烈庆祝西藏自治区成立10周年之际，一座大型雕塑《农奴愤》展出了，其效果和影响超出原设想。不少观者认为它比起当年“四川收租院”之思想与艺术要高多了。后来，北京民族文化宫复制内部展出了。笔者在此工作中，邀请专家，笔拟方案、组织实施、现场服务，获得感终生难忘。

西藏20年的文博事业生涯和人生旅程，实现了参与与见证相伴随，专业工作与形势需要相结合，社会工作与单位任务两不误，业余写作与服从大局相统一之人生“美梦”，且积累了近20篇文作，已编辑为《雪域文博选集》择机出版。故而笔者无限热爱祖国、西藏、边疆与专业，当然，更是热爱我们党！笔者多次向党组织表示“家在北京，长期建藏”，亦因此多次受到各级组织的表彰与表扬。特别是1985年庆祝西藏自治区成立30周年，西藏自治区人民政府颁发给我荣誉证书：“为和平解放西藏、建设西藏、巩固国防做出了贡献特授予荣誉证书。”西藏，我永远想念你！

不忘初心，感谢党恩！

扎什伦布寺的文化传统

（2017年5月）

扎什伦布寺（以下简称“扎寺”），藏传佛教格鲁派（“善派”）两大活佛世系之一的班禅额尔德尼驻锡地与法体灵塔圣地。扎寺作为藏传佛教文化载体，有其产生、发展与选择的历史依循，亦与西藏人民在人文进步长河中，长期与内地各兄弟民族融合发展分不开，亦与邻邦友好交往有关联。

一

论及扎寺，先须认识日喀则。处于雅鲁藏布江及其支流年楚河汇流处西南角的日喀则，海拔3800多米。据藏文史书《年曲琼》记载，日喀则地带，“地形如八瓣莲，东西有佛祖赐给的甘露（即年楚河），它像白绸缎一样，轻漂澫涕；南有花瓣茂盛如天罗毗沙门的花园；西南是龇龇獠牙保卫天界的天将神像面向平原；北面雅鲁藏布江如黑蛇游动，不停咆哮，地势雄伟”（赤列曲札，《西藏风土志》）。又由于流经江孜年楚河下游到日喀则，形成冲积平原，土地肥沃，故日喀则一名直译为“土质最好的庄园”。农业为主、兼营畜牧，如此养生良景，必是铸就大气之业的天地。农业经济，产生农业文明，而这正是东方佛教文化之源。

据传，印度佛教高僧莲花生应吐蕃王赤松德赞之请，于公元8世纪来藏桑耶寺，由聂拉木进日喀则，在此修行讲经，传播佛法。面对风水宝地，感叹不已，称道：西藏来日，将有两个雪域中心，日喀则为其一。另位高僧阿底峡于中世纪初，亦应邀到阿里地区传佛说法，振兴佛教，三年间协调显密、去伪存真、整顿佛序、译经立说、大获成效。其间，闻之日喀则景好，即专程往日喀则讲经弘法，见眼前生态美域、田园风物，他给予佛说圣地日喀则极高期盼。在如此佛光高照的佛地仙境，经十二年艰辛劳作，一幢雄伟壮观的佛教圣地——扎寺破土而出。

扎寺最早施造者，是宗喀巴大师弟子根敦主巴（后被追认为第一世达赖喇嘛），于1447年，首建大经堂及少量僧舍。应该说，扎寺的设计者与奠基人是四世班禅罗桑确吉坚赞，从1601年起，大兴土木，规模显现。建筑面积达30万平方米，在日喀则年楚河畔仿拉萨罗布林卡建贡觉林，班禅夏宫，明宣宗帝赐名“广佑寺”，赐“法界庄严”匾幅一块。七世班禅兴建了别具一格意义深远的汉佛堂。1914年九世班禅主持创作了弥勒大佛镀金铜片坐像。高26.2米，用铜片230400片，黄金6700两，佛像两眉所用钻石珍珠1400余颗，为世界铜佛坐像之最。除讲经堂、大经殿、各式佛堂外，扎寺重要组成尚有一世达赖喇嘛和历辈班禅的灵塔。最早者为四世班禅，始建于1693年，塔高11米，内卧四世班禅大师法体，近几十年来，执行党的民族与宗教政策，不断加大对扎寺的维修、扩建与兴建，如日喀则班禅新宫——德庆格桑颇章、班禅东陵扎什南捷（即将五世至九世班禅五位灵体合葬金塔）。为此，十世班禅万分感慨地说：“扎什南捷这座宏伟壮观的灵塔祀殿，是中国共产党民族、宗教政策的正确性、真实性的象征，是藏、汉两大民族团结的象征，是西藏宗教界和广大僧俗人民爱国主义的象征。”1993年为十世班禅确吉坚赞法体所建灵塔即“释颂南捷”，其规模、高度、形式、风格等前所未有、盖世无双。

现在观展扎寺内外建筑及内涵，有辩经广场，讲经大堂，活佛官邸6座，佛堂56座，灵塔殿9座，大型佛塔9座，佛像供堂、僧侣住舍等全寺7000间，更有金光灿灿的大小金顶16个，镀金铜佛幢62个，镀金屋脊宝瓶26个，巨型晒佛像8个。扎寺坐落在日喀则市西“尼玛督山”（意即“太阳升起的地方”）的南向山坡上。整体态势群楼高昂、错落有序、雄伟壮观，充分展现了格鲁派经学院固有传统建寺手法，为佛学精髓“善”字形象。

二

扎寺外貌得体大气、宏伟秀丽、结构复杂、规模可观。寺内有四大札仓（即经学院）桑林、夏孜、吉康、向巴，分别教授显密二宗，下设60个康村。康村是来自不同地区的喇嘛同归一个喇嘛习作单元。讲经广场占地500平方米。四壁墙体，凿有千座石佛像，整合有序地置于洞穴壁。大殿承载两大功能，一是班禅为全寺僧人讲经堂，二是为僧徒辩经场所。广场大经堂，面积有48根大柱间隔，可安排2000余人念经。经堂设有班禅宝座、释迦牟尼佛像、未来佛度母小佛堂。大堂左侧建有“强巴经堂”，内置高11米的弥勒佛像，右侧建有度母经堂，内置高2米的白度母铜像，堂内四壁墙体绘有历史悠久的壁画，内容包括宗喀巴师徒佛像，80位高僧及仙女飞天、菩萨像。经堂旁建有两层楼房三间套的“汉佛堂”。

前已提到扎寺铸有世界最高大的铜佛，被安置在“强巴大殿”。殿高30米，五层楼宇，占地860余平方米，铜像高26.5米，仅佛像底座就高达3.8米，佛像面部长4.3米，耳长2.8米，手掌宽11.4米，鼻孔可容一人出入。（摘自《扎寺伦布寺的佛光》六集文献记录影视片。其设计、主编、摄像、执导为藏族影视专家雅戈热先生。笔者为其总监制、解说词修订者之一，除汉文外，尚有藏文、英文发行播放。）为什么要铸如此巨型佛像呢？“据传，强巴佛一旦管理人间，便会天下太平、毒气除散、风和雨润、谷物丰登、树林繁茂、人民康乐长寿、大小平等，是一个令人神往的净土世界。”可见，班禅世系向往美好，佛心之善！

扎寺还有佛光耀眼、顶礼膜拜的佛教风景线，即扎寺晒佛台。台高30余米，全由人工石块砌就，犹如一堵城墙，每年5月间，正是日喀则柳绿花红时节，僧侣们出门迎暖，扎寺搬巨幅画佛像晾晒、去潮、除湿，成千上万的信男信女盛装节服，前来观像，朝阳热体，诉求风调雨顺、国泰民安。这种独有的“亮佛节”活动持续三个月。足见班禅大师们有着锐利的佛事目光，大气夺人胸怀，亦有“接地气”与老百姓联谊之意。

扎寺组织结构明晰，功能齐全适用。最高座席当属班禅额尔德尼。次之札仓，即完整、配套与成熟的佛学院。第三阶层，亦即寺院基层“康村”，僧徒们学经、论经、辩经、食宿与小型活动处所。其间有严密的寺规、寺律、寺法，均遵宗喀巴初衷所系，数十名佛法人事专司其职。僧侣们不仅要集体学经、辩经与考核，还得上灯供佛、学习技艺。参与生产，以康村为单位的僧侣团队，如同一个“喇嘛兵营”，严格有序地生活劳作。札仓不仅仅是学、诵、辩经的殿堂，还是僧侣学习天文地理、气象算学、医治病学、绘画雕塑、土木建筑的场所。仅以雕塑壁画为例，扎寺绘画雕塑，既是建筑美学展示，又是装饰贴体，更不乏自然生态、历史传说、人物传记、神话故事的写实。面对神奇般的场景，诱人深思、流连忘返。大经堂千座石佛雕刻，人物形形色色、栩栩如生，且无雷同，各有神态。精雕细刻的班禅宝座，令人肃然起敬，释迦牟尼佛像、未来佛面与白度母雕绘美不胜收。释迦牟尼佛祖两侧分立着八大弟子塑像，弥勒佛像旁立两尊菩萨像，均系扎寺创建者一世达赖喇嘛根敦主巴杰作。若将所有雕塑、石刻、金属制品汇聚一经堂，一个完美无缺的藏传佛教工艺博物馆即呈现于世，定能使观者饱享眼福。

扎寺身为藏传佛教第二个中心，必然存在一个庞大的寺院集团，即班禅堪布会议厅。首脑是池巴（即寺最高住持），池巴必然是班禅充任。1959年前，与前藏达赖班底同。集后藏地区教权、政权、行政辖权于一身。“班禅在后藏的辖区，是康熙五十二年（1713），由清朝皇帝直接敕封的单独的管辖区，由中央政府领导，受驻藏大臣指导。班禅领导的拉址（又称“班禅囊玛康”），管辖班禅属区的一切政教事务。辖区有拉孜、昂仁、彭错林、康巴四个宗和藏北的达木莎迦宗及谢通门、梅康莎、达那仁钦则、金龙、兰伦绕五个相当于宗的‘谿’，人口有十多万。”（《西藏自治区概况》）以扎寺为中心的班禅世系，所辖寺庙有327所，喇嘛13670人，百姓6752户。总之，“黄教的中心寺院是拉萨三大寺及后藏的扎什伦布寺，都是建筑宏伟，金碧辉煌，在全国颇具盛名的喇嘛寺院。扎什伦布寺是根敦主巴于1447年到1453年建成，在日喀则西南，喇嘛人数清代限额4400人。”（国家民委政策研究室编，《西藏今昔》）

三

高僧建名寺，名寺出大师。扎寺同班禅世系产生、成形与兴旺都来之不易。除一切客观外因，历辈班禅依靠广大僧俗民众艰苦拾荒、奋发向前、抵御外侵、持续进取是其决定性因素。“据佛典讲，班禅是无量光佛的化身。他下到人间，转动法轮，普度众生，佛情一贯，历世不泯。有的班禅精于佛法，著说立论，有的班禅既热心佛法，又能管理藏区政务，总是随类化守，期成正觉。”（《扎什伦布寺的佛光》影视文献纪录片解说词）清康熙帝御旨：“班禅为人安静，熟谙经典，勤修贡职，初终不倦，甚属可嘉。”（《清圣祖实录》）的确，历辈班禅不愧为群体高僧大师。

一世班禅克珠杰·格勒巴桑：格鲁派宗师宗喀巴亲近门徒之一。藏区内外僧者将他与贾曹杰、宗喀巴称为“师徒三尊”。1385年生于后藏拉堆多雄，幼时出家于萨迦寺，1407年正式拜宗喀巴为师，随师12年之久，撰写了《宗喀巴传》，任甘丹寺池巴。1438年圆寂，享年53岁。后被追任为第一世班禅。

二世班禅索南确吉：1439年生于后藏萨思。幼年投身甘丹寺为僧，攻读显密二宗。善于雄辩，在寺三千喇嘛，无一胜过他，被认定为一世班禅转世灵童，第二世班禅任安贡寺池巴。1504年圆寂于寺，享年65岁。

三世班禅罗桑丹珠：1505年生于后藏萨思，13岁出家受戒，在扎寺精习显密二宗。20来岁，周游名寺、研佛取经、宣扬黄教、学冠各僧。其间，兼读医书、行医从善、为民治病、深得人心。1566年圆寂安贡寺，享年61岁，被尊为第三世班禅。

四世班禅罗桑确吉坚赞：1570年生于后藏拉珠嘉尔地方西面兰伦热布庄园之竹加白哇村。13岁入安贡寺学经。14岁登上寺池巴宝座，准为三世班禅转世灵童。先后到扎寺、甘丹寺修显密。1601年任扎寺第十六池巴。为扎寺兴土木，筑建宏院，形成格鲁派第二个中心。1603年，赴哲蚌寺为四世达赖坐床、受戒，班禅与达赖互为师徒之始。1645年固始汗赠其为“班禅博克多”尊号，大意是“容智英武人物”。1662年，圆寂扎寺，享年96岁。

五世班禅罗桑益希：1663年生于后藏托布地方。1669年在扎寺坐床。次年，赴布达拉宫拜见五世达赖，被授沙弥戒。五世达赖圆寂，班禅为其灵魂开光祭典。此一时期，正是西藏内乱外患，与五世达赖艰难度世，为稳定政局，维护中央威望刻苦前行。1713年康熙帝册封他“班禅额尔德尼”，赐以满、藏、汉文金册、金印，自此，“班禅额尔德尼”名号被固定。1793年圆寂扎寺，享年74岁。

六世班禅巴丹益希：1738年生于后藏南木林宗。1741年于扎寺日光殿坐床。1749年到拉萨见七世达赖并拜为师。1762年在大昭寺为八世达赖授沙弥戒，续授比丘戒。1719年，应乾隆之邀，启程赴向内地。1780年抵承德，受到隆重迎接，以81帧长寿像画像敬献乾隆帝七十寿辰，乾隆帝访扎寺为其兴建须弥勒寺。行至北京因重疾无治，1780年圆寂于北京西黄寺，享年45岁。乾隆帝痛极昏厥。为永铭六世班禅情倾中央、热爱国家、维护团结、心存众生之功绩，清中央政府在黄寺西侧建起“清净化塔城”，乾隆帝御笔亲题碑文。1781年以7000两黄金，铸成灵塔小寺，班禅法体息安于中。同年8月，运至扎寺，置合塔于银塔殿内，永世供奉。

七世班禅丹巴尼玛：1782年生于后藏朗宗。同年底，乾隆帝谕准为六世班禅转世灵童。1783年，在扎寺举行坐床典礼。八世达赖在大昭寺为其授沙弥戒。廓尔喀两次侵藏洗劫扎寺，乾隆帝派名将福康安歼灭取胜。班禅、达赖与福安康共议善后二十九条章程，乾隆帝亲审《钦定二十九条章程》，谕准以此全面治藏。同时，班禅在扎寺大殿一侧建筑了“汉佛堂”，1844年奉旨往前藏任摄政办，全权主持政教事务，8个月后经准返扎寺。1853年圆寂扎寺，享年72岁。

八世班禅丹巴旺修：1855年生于后藏扎布卡村。在拉萨功德林经金瓶掣签，定为七世班禅转世灵童。在扎寺大经堂受沙弥戒。1875年，前往拉萨与甘丹、哲蚌、色拉三寺为十二世达赖圆寂祭奠，并与僧人熬茶，布施祈祷国安藏宁。1877年，在拉萨祭公堂寺为十二世达赖转世灵童即第十三世达赖剃度受戒、取法名。1882年圆寂，年方27岁。

九世班禅曲吉尼玛：1883年生于塔布地区。1888年经金瓶掣签正式确认为八世班禅转世灵童，十三世达赖为其剃度受戒。同年于1904年参加两次抗英战争。达赖被迫经内地到外蒙古。班禅因顾全大局，1905年经中央政府批准赴印度，其间，洁身尊严，理服于人，英帝“始谋未遂，不得不厚礼送归”。回藏后却腹背受敌，迫于前藏多举不是，于1923年11月15日深夜，带15位侍从奔向内地，次年达兰州。北洋政府赐予他“致忠阐化”封号。1925年抵京，随之应浙江、上海之请讲经弘法，又折向五台山传经颂密，8月在北京设班禅办事处，中央政府封其为“宣诚济世”尊号。次年，赴内蒙古、东北诸省。所到之处，除讲法诵经外，主要宣讲团结起来，拯救国家，并通电全国，声讨日本帝国主义侵华罪行。1932年，国民政府任命他为“西天宣化使”。1935年，起程返藏。1937年圆寂于青海玉树寺，享年54岁。

十世班禅确吉坚赞：1938年生于青海循化县。1949年国民政府李宗仁代总统认定为前世班禅转世灵童，并免予金瓶掣签，特准他任第十世班禅额尔德尼，举行剪发剃度、取法名、受戒等仪式程序。同年8月，蒙藏委员会委员长关吉玉在青海为其举行坐床典礼，赐予390两重黄金一块。1952年到拉萨与十四世达赖相会，格鲁派两大世系活佛30年后第一次历史性会晤，开启了藏民族内部团结新一页，是中国共产党民族政策之伟大体现。1955年出席全国人民代表大会第一次会议，当选为全国人大常委会常务委员，后被选为全国政协第二次会议副主席。1956年在扎寺考取“格西”学位。同年，国务院任命为西藏自治区筹备委员会第一副主任。1959年当选为全国人大常委会副委员长，1989年1月28

日圆寂扎寺，享年51岁。

历辈班禅额尔德尼大师，素具反帝爱国、内倾情怀，拥戴中央，辖属明晰的光荣传统，铸就扎寺文化传统之精髓。其四世、六世、七世、九世、十世这五位班禅是杰出代表。

四世班禅罗桑曲结：满族入关前，即与达赖商派三名要员，到盛京（今沈阳）联系。满族入关建立清朝，与五世达赖说："现在同奉天王结识，则对我宗派当有大利。"即派高僧赴北京朝贺。五世达赖受到册封，西藏地方与中央政府正式建立了从属关系，为维护国家统一，促进汉、满、蒙、回、藏民族间的团结立下功劳。

如果说，一世达赖是扎寺的奠基人，那么四世班禅即为扎寺的设计师与建设者。扎寺由百十来人，发展为2500余人，以苦心经营收获了与拉萨三大寺齐名，为藏传佛教的第二个中心。扎寺不仅是佛学园地，更是抗击外来侵略，保卫祖国西南边疆前沿阵地。在他的鼓励支持下，五世达赖成功晋京，朝觐顺治皇帝，受封玉册玉印，并将格鲁派尊为"国教"。扎寺在四世班禅期间开始形成文化传统。

六世班禅巴丹益希：如果说，四世班禅是雄才大略、高瞻远瞩的一代名师，那么，六世班禅则为雅怀高风、深谋远虑的一代大师。"他享年只有45岁，但在他一生最后10多年中，却经历了两件具有重大政治意义的事件。一件是1772年（乾隆三十六年），他调停不丹英属印度公司战争成功，另一件是1779年至1780年（乾隆四十年至四十五年），他不远数千里，从后藏到热河（今河北）虔心祝贺乾隆帝七十寿辰，染上天花，逝世于北京，在班禅世系上是第一位到北京的高僧，是政治上一件大事。”（《中国藏学》，《班禅额尔德尼传》评述）前件事上，六世班禅严词直指不丹藩属中国，不丹存亡，西藏必问，中国领土的西藏，必奉中国皇帝命行事。自由通商只限帕里。在藏设“使馆”绝无可能（《中国藏学》，《班禅额尔德尼传》评述）。英国代表完败而归，真长我中华志气。班禅不畏艰难险阻，长途跋涉，排除干扰，进京朝觐是难能可贵的一件政治作为，一件促进中华民族大团结的政治举动。在北京期间，西天大师与乾隆帝亲密示善，促膝恳谈，一位意大利著名藏学教授深刻揭示其中的含意：“长期以来，清朝对西藏的政治，主要依托在第三辈（即六世班禅额尔德尼）身上，乾隆帝对这位宗教人士的爱护尊重是前所未有的。”（《中国藏学》，《班禅额尔德尼传》）然而天花无治，于1780年11月2日圆寂于北京，痛心疾首的乾隆帝颁谕旨：“将遗体完善护理，以七千两黄金制成金塔安置法体，速运扎寺。”扎寺的智慧是六世班禅赋予的。扎寺的文化传统，在六世班禅期间得到极大丰富与充实。

九世班禅曲吉尼玛：一生处在国难当头、危机四伏、反帝入侵、革命图存的严峻时期。同时，还由于外势挑拨，分裂民族，造成班禅与达赖不和，达赖先到内地，后又出走至印度。班禅坚守后藏抗敌，英人谋逼其离藏去印度，九世班禅说：“邀我去印度，必须奏明皇帝照准，方能成行。”为顾大局，报中央批准赴印。当着莫王太子，班禅大气凛然，拒不拜跪，并郑重告之：“我只在大皇帝前拜，其余不行，即行执手常礼。”英印只好罢手，班禅尊严回藏。由于前藏多次在日喀则生事，面临十分严峻局面，故班禅被迫深夜速往内地，前后中央政府十分重视安排。在内地15年，他既高度关注西藏局势，心系僧俗人民，更是积极参与团结国人，坚持抗日。

1924年，他于西安通电国人，呼称：各方势力，“停止内战，团结救国”。“共和布政，五族归仁，布岭沙川，国家禹旬。”“班禅此次由藏入觐，此间政局变更，全国震撼，我国值风雨飘零之际，正危机存亡之秋，亟应速息内讧，力图上理，及表烽类图未清，凤鹤颇惊，同室操戈……渔人得利，将成摘瓜抢蔓之作。班禅身受国封，与同休戚……知战为不可再延，应丞宜休养，所调彻底觉悟，共保和平，免阋墙之纷争，谋根本之建设……同祝国祚，灵长于无现矣！”（牙含章：《班禅额尔德尼传》）

1929年通电全国急盼停止内战：“从民国政府成立以来，合全国为一家，结十余年纷争之局，愿从此救众生倒悬之苦，发仁王爱国之心”。

1931年，蒋介石、胡汉民参加的南京国民会议上，九世班禅发言：“班禅蒿目边情，倾诚内颖，恩起政府之远图，迎解藏民族于涂炭，南北驰孤，心力交瘁。伏望诸公宏给伟仪，整顿边疆，本总理济弱扶倾之训，巩固国家主权之基，重张上国之声威，勿并弃西方之宝藏，是则班禅所额手称庆，虔心祷告者也”。

同年5月，在南京新亚细亚学会第十三届大会上以“西藏是中国的领土”为题发言指出：“西藏为中国的领土一层，想诸位对中国历史都有深刻研究与认识，毋庸多疑。兹界举大者，如雪藏王松赞干布之时，曾经娶唐之文成公主为妻，迎至藏王默瓦葱时，复与中朝之金城公主结婚，此时中藏关系融洽，与夫血统之混合，已达相当程度。元代曾尊封西藏贵族单根却吉帕巴为国师，并以西藏之土地，嘱其管理。至明代实为西藏之大施主。达赖第五世、班禅第六世，曾相继至中原朝觐大皇帝。清时准噶尔之侵略西藏，清帝派兵援助消灭之后，即派驻藏大臣于拉萨，并奉相当兵力保护达赖、班禅，保卫国土。以上所举，可资证西藏为中国领土。言至此，余者两点感想，可向各位报告：（一）西藏是中国的领土，如被帝国主义者侵略，可无异自己的门户被拆毁，不无有唇亡齿寒之忧；（二）如何使蒙藏与中国团结成整个民族？要做到这两点，须先做许多功夫，上自中央政府，下至全国人民一致努力。”

1932年2月，在内蒙古百灵庙通电全国指出，日本“不顾公理，蔑视盟约，仗其武力，攻我热榆，揆彼用心，无非欲实现大陆政策之阴谋，现我军民时至忍无可忍，官兵义师前赴后继，为自己抵抗，为正义而舍身，热同热忱，中外感欣！班禅同其时艰，忧愤无已，舍身属空门，而于救国图存之道，保敢后人。除召集当地蒙藏喇嘛千余人，自三月一日起，在百灵庙虔诵藏经，广施供应，建立法坛祈祷和平，再追荐前方阵亡战士。藉佛力之加被，弭战祸于无影”。

同年12月，在国民政府任命大会上表示：“班禅辱蒙政府任为西藏宣传使，自惭樗栎之材，无济时艰，救世之愿，未取稍懈，自当竭尽忠诚，宣扬德意，振导祥和，团结五族，以报中央。”

1933年，九世班禅提出解决西藏问题十六点意见和三条先决条件。意见中有：“（一）解决藏事，以恢复中央西藏间固有之领属关系为原则。（二）西藏与任何国家和地方所订条约，凡未经中央批准，一概无效。（三）前藏政权由达赖主持，后藏政权由班禅主持。（四）政府派大臣二人分别驻前后藏主持。（五）西藏军事、外交统归中央主持。”

1934年2月，九世班禅在被任命为国民政府委员大会上深情表达：“班禅历代以来，爱国家忱礼，唯以永佛祖之教译，奉国家之法命，上弘下传，饶以众生为务，今后益当竭尽至诚，仰体总理天下为公之心，推行主义，弘扬大法，以期国家之统一，建设人民之幸福，促进世界之和平。”

同年6月，在上海30万人大会上，以题为“蒙藏为中国重要国防”讲演忠告：“蒙古和西藏是中国西北最前线的国防，地广人稀，蕴藏丰富，外人曾称，私密金库，班禅为恢复汉藏感情，不辞劳苦，迄今十有一年，期以五族早日团结，同登极乐……政府对余亦可谓仁至义尽，此后当格外为国宣传，以报国人和政府诚意。”

九世班禅多次安排回藏，只因英美与藏内败类之流，反复挑起事端，百方阻挠。在青海致电蒋介石称：“查班禅回藏，洵为内政问题，倘噶厦允英人请求，将开外人干涉内政之恶例，于西藏前途，影响至大，务诉设法消弭。”1936年再次表示：“心切五族团结，共安边防，冀报党国，于万一，宁牺牲个人，力全大局，不愿中央威信隐于堕落，即遵原定暂缓西行，以待将来。”终因“隐忧成疾，医药无效”，于1937年12月1日圆寂青海玉树。此乃人间一大悲剧。

九世班禅大师驾鹤西去前，留下不朽遗嘱：“余生平所发宏图，为拥护中央，宣扬佛化，促成五族团结，兴保国运昌盛。近十五年遍游内地，深蒙中央待遇，得见中央确对佛教尊崇对藏族平等，余心甚慰，余念益坚。关于历代班禅所享权利，应尽早日恢复。最后望吾藏官兵僧俗，本中央五族建国精神，努力中藏友好，扎寺喇嘛及各堪布，尤宜善继余志，以此实现。”（摘自《边疆人物志》）国民政府即时命令追认九世班禅“护国宣化广慧圆觉大师”封号。1941年2月4日，班禅法体安抵扎寺，完善身后事宜。

的确，“九世班禅的一生，是坎坷的一生，也是战斗的一生。九世班禅不仅仅佛学造诣极深而且政治上很成熟，可以说是一位勇敢的反对帝国主义的战士。至于他对祖国的统一，民族团结的维护，更是始终一贯，坚持到死。在西藏上层人物中是难能可贵的。因此，我们毫不夸张地说，九世班禅曲吉尼玛，是西藏近代史上的一位杰出的反帝爱国领袖人物”（牙含章：《班禅额尔德尼传》）。扎寺的文化传统，在九世班禅时代赋予了民族精神的升华！

十世班禅确吉坚赞：是在中国共产党民族政策关怀、温暖与感照下产生的一位杰出的藏传佛教大师，一位真诚的爱国主义者，他对党和国家怀有深厚的情感，成了邓小平同志讲的“班禅额尔德尼是中国共产党亲密的朋友”。

1949年10月1日，中华人民共和国宣布成立，十世班禅即刻自青海致电毛主席和朱总司令表示热烈祝贺，拥护中央人民政府的领导。

1950年，和平解放西藏十七条协议在北京签订，十世班禅当即致电毛主席表示坚决拥护和平解放西藏十七条协议，并发表声明：十七条协议的签订，“宣告了帝国主义侵略西藏的失败，西藏民族与内地各民族团结起来，西藏民族内部团结起来，从此西藏民族开始了自己的历史新纪元。为了西藏民族的彻底解放与发展，为了巩固和发展中国人民的胜利，我们今后坚决拥护毛主席的领导，拥护中央人民政府和中国共产党的领导，为正确执行协议，为西藏民族与中国各民族的团结和西藏民族内部的团结而奋斗”。

1952年，面对拉萨非法的“伪人民会议”武装骚乱罪行，十世班禅致电达赖严厉谴责其“不仅破坏了关于和平解放西藏办法协议，破坏汉藏团结，破坏了祖国统一，而且破坏了你我之间的亲密团结，尤其是破坏了你的政教威信”。“以大智大勇精神，以大慈大悲之佛光，迅速予以弭平，妥善处理，以安民心。”

同年4月，在中央的关心下，进藏前夕，十世班禅致电达赖称：“这次返藏后，在毛主席、中国共产党和中央人民政府领导下，进一步加强我藏族内部的团结，并与国内各兄弟民族人民亲密合作，为迅速彻底实现和平解放西藏办法协议，建设一个繁荣幸福的新西藏而共同奋斗。”

1959年3月，西藏上层反动集团发动反革命武装叛乱，十世班禅以西藏人民的名义，致电毛主席、周总理表示：“西藏上层反动集团的罪行，表明他们是祖国的叛徒，西藏人民的敌人，西藏民族的败类。他们的叛国行为，为国法所不容，而且遭到西藏人民和爱国上层人士的坚决反对。”在此即向西藏工委表示：“谴责叛乱集团，要确保日喀则地区安全，共同粉碎叛乱，此后无论在西藏或内地，都要坚决拥护祖国统一，反对叛乱和加强民族团结。”

1960年底，十世班禅提出寺院改革五条意见：一是禁放高利贷剥削，二是民主管理，三是执行政策法令，宪法进寺院，四是搞生产，五是对残弱和专门念经的喇嘛生活，要由政府包起来。对此，中央人民政府赞同和首肯。

1961年，十世班禅堪布会议厅提请国务院结束班禅堪布会议厅的报告。同年7月，国务院批复同意报告。自此，在中央人民政府领导下，西藏自治筹备委员会行使西藏一切职权。

1987年9月，十世班禅就拉萨一小撮骚乱分子的罪恶言行，发表讲话：“应依照法律严惩首恶，深入幕后操纵者，西藏和其他藏区的人民，一定要为维护祖国的统一和安定团结做出贡献。”

1989年，十世班禅在日喀则主持五世至九世班禅合葬灵塔“班禅东陵扎什南捷”开光典礼，并发表讲话称：“……我完全相信，凡到东陵这里瞻仰膜拜、参观游览的人，只要他是尊重事实，就一定会领悟到党的民族宗教的真谛，领悟到藏汉民族团结的重要，领悟到坚持爱国主义立场的意义。”

同年1月28日，班禅大师虽经中央特派医疗专家小组紧急救治，还是圆寂于扎寺，终年51岁。全国人大常委会当即发布治丧公告，成立治丧办，决定在北京、拉萨举行追悼大会。国务院做出关于治丧和转世问题的决定。决定指出：“我国伟大的爱国主义者、著名的国务活动家、中国共产党的忠诚朋友、中国藏传佛教的杰出领袖、第七届全国人民代表大会常务委员会副委员长、中国佛教协会名誉会长、第十世班禅额尔德尼·确吉坚赞因病逝世。”并就相关问题做出三项决定。

同年2月15日，首都各界千余人在人民大会堂举行隆重追悼会，李鹏、李先念等党和国家领导人出席，国家主席杨尚昆主持，全国人大常委会委员长万里致悼词。他指出：“十世班禅的一生是为我们伟大祖国的统一和富强而奋斗的一生。尤其是西藏分裂与反分裂的斗争中，他几十年如一日，旗帜鲜明地坚持爱国主义立场，为维护祖国统一、增强民族团结，建立了不可磨灭的功绩。”

同年3月，西藏自治区成立了以主席为组长的“灵塔祀殿修建领导小组”，用时近四年建成其塔。国家拨款6400万，黄金114公斤，白银275公斤。此塔是迄今国家拨款最多、建筑规模最大的一座寺庙灵塔，名为“释颂南捷”。1993年9月，国务院派国务委员、国务院秘书长前往主持开光盛典。扎寺的文化传统中具有爱藏、爱国、爱党的民族情怀和时代精神，为十世班禅之思想智慧所建树。

四

西藏与祖国内地数千年，特别是近六百年来的关系，是血脉相连、血浓于水、骨肉连筋、融合一体的。扎寺的全部历史，即是这种民族命运共同体的生动体现。正因为扎寺与祖国这种特殊情怀，故而，扎寺在所有藏传佛教寺院建筑结构上，唯一建有约300平方米的独特景观“汉佛堂”。“汉佛堂”一名，富有深层哲理思考与深厚民族情怀。当朝中央与皇帝并非汉族而系满族，然而用心良苦的七世班禅及其后辈视汉族为祖国的象征，是因汉族处于中华民族主体，历史文明悠久，重视藏汉民族团结而专设“汉佛堂”带有天然本色。此一佛堂，不是藏汉僧徒佛事活动的场所，它不完全是表现班禅世系与中央的关系，而更重要的是陈列数千年来，西藏与中原地区、西藏与中央政府、西藏各民族与各兄弟民族交往、交流、交换，互学、互帮、互动，朝觐、朝贡、朝拜，赠赐、赠馈、赠予，封号、封冠、封印，统一、统属、统辖，爱教、爱藏、爱国之历史大场合、民族大平台、国家大气度的十足纪实。

1962年5月，笔者出差日喀则、江孜，为文物考古所系，必然要目睹扎寺，当即被“汉佛堂”三个字吸引，走马观花地领略金“堂”，深为七世班禅大师远见卓识、雄才大略所折服。十世班禅将上下千余年精品拢集在“汉佛堂”，为中华民族大团结立下汗马功劳。从他至十世班禅世永续传承、精心作为、日积月累，独件孤品，价值连城；陈列整合，系统就位，串联成气，国宝再现，完全辑成一部历史文物、民族文物、宗教文物君臣文物读本。如此，现代作用、未来担当、国宝荟萃、文化晶体，为中华民族文化宝库中的一枝奇葩。自1962年离开扎寺至今已55年了，时过境迁，不知“汉佛堂”颜面如何？据记忆，那里佛堂大布局是：七世班禅所盖二层楼陈列着明清两朝各辈皇帝授封赠赐予四世至九世班禅部分礼品，其中最为珍贵的是北京故宫原作

"乾隆巨幅画像"，次之"道光皇帝万岁万岁万万岁牌匾"。画像布于墙体，牌匾置厅前，好似"汉佛堂"陈列序幕。二楼中有间偏厅，似与两件珍品相配搭的专为中央驻藏大臣、副大臣、钦差大臣到扎寺，班禅与之会晤，特别是"圣旨"到后，班禅跪拜接旨的密厅，当然还得向乾隆与道光帝画像、牌匾叩头"谢主隆恩"。经过一番神圣行止后，亦当然少不了班禅君臣、同仁常规之会晤与来客品茶、述事，亲密交流。真正的陈列厅，是经会晤室过一小门后所见。此乃"汉佛堂"核心部位。厅内设置尺寸统一等高陈列柜，展出了历辈皇帝赠予的礼品、珍宝。最为贵重的珍藏是中央政府封赐班禅世系的金、玉册页和印玺，明永乐年间的古瓷玩物，元代织物、玉石如意，明代织品、金环器具，民国时期的餐碗碟盘、玻璃器物、佛像佛珠，七世班禅授有的珍珠宝石嵌的佛珠。应该说，以历史价值论，由元明往上追溯，即隋唐时代与西藏地域的关系，更加珍贵的是系列小佛像、青铜佛像专门摆在低矮带锁小箱中。这些佛像，虽无文献具体铭证，但造型风格应视为隋唐藏品。其中，骑野猪赤身度母雕像为元代的一件尊品是无疑的，其余九尊铜像系唐代佳作。青铜作品，大小不一、高低不齐，实属寺院珍迹。这段资料引自赤列曲札同志的《西藏风土物志》。的确，"扎寺的文物，本来是十分丰富的，但历史上多次遭到劫掠，已经不完整了"，何止不完整，已经很不完整了。两次廓尔喀来犯，两次英帝入侵，大量珍迹与文献被劫。后来虽然追回包括玉册、玉印这类文物，亦不过是被他们掠夺的十分之一。正如《西藏风土志》指出的："乾隆帝赠予六世班禅的玉册、玉印、珍珠镶嵌的无数寿佛、法器、佛像、供物、长卷、古籍文献等等，如此，既是扎寺不可弥补的重大损失，亦是西藏乃至中华珍宝的损失。”“汉佛堂”每件珍贵文物，是多辈班禅大师以心聚集的中华民族思想智慧的结晶，民族的珍贵财富，它所表达的就是：爱教反帝、爱惜团结、爱国统一、爱戴中央！

“汉佛堂”建于扎寺不是偶然的。七世班禅额尔德尼丹巴尼玛传奇般磨难重重的七十余年，最有条件与资格建造“汉佛堂”。这是一座地地道道的“西藏地方与祖国母亲关系博物馆”。笔者在《中国历史的一绝》文中写道：“毕生受过四个皇帝，乾隆、嘉庆、咸丰、道光六次赐封的恩情。”“亲身与中央四代皇帝之交，与三十七位驻藏大臣、三十九位帮办大臣共事，与四位达赖喇嘛结缘，是八位达赖之徒，三位达赖之师。”（丹珠昂奔：《历辈达赖喇嘛班禅额尔德尼传》）如此丰富的人生历程，和祖国内地高密度往来，必然聚集无可估量的物质与精神财富，“汉佛堂”的兴建水到渠成，承载着扎寺文化传统厚重文化晶体。

扎寺的文化传统，是有声有色、丰厚多姿的民族精华，是班禅世系的思想智慧铸就的结果。班禅世系思想智慧就在于：一是真正坚持并传承宗喀巴宗教改革的意愿；二是反对任何外国强势侵犯中华国土，坚持爱国主义立场；三是致力于增强包括藏族在内的各民族的团结，坚持反对分裂图谋；四是真诚爱惜与拥戴历代中央政府，坚持履行赋予的职责；五是从不搞西藏独立，坚持西藏是中国的一部分。如此，五点光焰火花、智慧光芒，正是扎寺文化传统之精髓！

第四部分 观《农奴愤》

《农奴愤》——旧西藏封建农奴制度的艺术读本

（写在《农奴愤》创作40周年之际）

（2015年12月）

1975年，西藏自治区成立10周年，亦为西藏革命展览馆兴建10周年。展览馆为庆祝自治区10周年特地奉献了大型艺术雕塑《农奴愤》。

《农奴愤》是一幅复制旧西藏封建农奴制历史的艺术画卷，一部控诉旧西藏封建农奴制度的艺术读本，一曲农奴前赴后继抗争农奴制的艺术颂歌。正因为如此，中央代表团团长、中共中央政治局常委、国务院副总理为之开幕剪彩，中央代表团各省、自治区、直辖市民族代表在观赏后，纷纷首肯，高度好评，西藏人民更是跳起“踢踏”，舞起“锅庄”，双手赞美，引为骄傲。

《农奴愤》创作成功，付出很多，来之不易。它是由内地十几位雕塑艺术家、资深教授在一年半的时间里，克艰攻难，勇于担当，施展智慧，精心雕琢的，是展览馆人勤奋劳作、用心呵护、无怨无悔、埋头奉献的硕果。40年后，一切时过境迁，西藏革命展览馆和《农奴愤》不复存在。笔者致信同人，复称“无法告知《农奴愤》身首异处，备受践踏”。付出代价无可非议，转化代价为教训是新价值的产生！

一、不畏艰险、敢于履行、集体智慧、善于创新铸就了《农奴愤》

1. 中央美院教授为支柱，多位民族艺术家构成了创作核心

《农奴愤》这枝艺术奇葩，是在全国“文革”史无前例的艰险严峻、惊心动魄的年代创作的。北京、西安与沈阳相关人士皆被封闭在“五七干校”里做“脱胎换骨”的“改造”，随时要被“政审”“清理”“坦白交代”乃至“服刑”。西藏亦无例外，绝大部分人集聚“林芝劳改农场”，接受“再教育”“清理队伍”“认定身份”等。幸运的是，展览馆的职工要为自治区成立十周年庆祝活动备展，“方免一劫”。馆人经过深思苦想，拟在“阶级教育展览”基础上，在主要版面下雕塑若干小型人物与场景，经呈报复“同意”。《农奴愤》命题，是由一首《农奴恨》延伸与升华而来的。1965年，筹备西藏革命展览馆中设有“被推翻了的封建农奴制”陈列室，其中就有一首民歌《农奴恨》，启发我们拟将雕塑命名为“农奴愤”。区文化局批笔者与另一位业务骨干孙居考赴西安、长春、沈阳、北京同相关单位边讨论、边听意见、边物色聘请专业者。中央美术学院雕塑系给予多方面的指导与帮助，形成《农奴愤》设计方案，回到拉萨，很快获得区党委宣传部“批准”。《农奴愤》就在那个动荡不安的年代启动了。1974年8月，援藏教授、学者先后到馆。时称“中央五七艺术大学美术学院”（即中央美术学院）的王克庆（领队）、曹

春生、司徒兆光、郝京平、关竞、赵瑞英、张德华、张得蒂、时宜、李德利，民族文化宫设计师杨以中，西安美术学院的马改户、陈启南、张树杉，沈阳鲁迅美术学院的杨为铭共15人，组成专家团队安身展览馆，为实现意愿中的《农奴愤》构成了核心支柱。

2. 展览馆藏、回、汉族为主干的专业群体构成创作基本骨干力量

展览馆的业务人员占全馆编制的二分之一，包括文物征集、保管研究、组织陈列、文写编辑、摄影暗室、美术绘画、展览设计、组织观众、宣传讲解等工作序列。人员民族成分有藏、回、珞巴、汉族。他们是雪康·土登尼玛（《农奴愤》创作顾问）、扎西、益希、多吉、阿里、郭林新、次央、仓曲、格桑、小尼玛、巴桑、洛桑、桑学、余达、孙居考、任陪基、韩书力、高峰、杨立新、陆颖、李梦玲、刘美容、曹亚云、严小丽、张芳英、兰平，时任馆长米良贤，副馆长薛以楼，业务组组长刘志清。在党支部的领导下，包括行政组、保卫组同志在内的全馆上下，齐心协力，共赴艰程，边学边干，争挑重担，积极热情地为创作《农奴愤》添砖加瓦。如两度组织数十人先后赴黑河、林芝地区，为后来的创作明确了方向，锻炼了队伍，奠定了政治思想、业务能力的坚实基础。

3. 深入农、牧、林区体验生活，搜集素材、寻找灵感、物色模特

《农奴愤》一稿小样确定后，在区文化局关心下，展览馆两次组织数十人到那曲黑河、藏东林芝进入实验性创作准备，内

地同志同展览馆人员，深入农牧民家中，用与其“同吃住、同劳动、同回忆”的三同方式，获得了料想未及的成果。思想、情感和语言上皆对《农奴愤》起着立竿见影、开花结果的效应。同时，还收录到可观的文字、音像、人物、风景素材以及实物道具，也充实与丰富了1965年展览馆邀请的50位“苦主”材料。

4. 1965年，展览馆筹办期间，区工委指示与各地协同挑选50名在旧西藏受害最大、仇恨最深的农奴与奴隶到馆现身说法

实践结果收效极佳。后来还选组5名到北京民族文化宫西藏馆配合工作，继到北大、清华、北师大和中央民族大学等高校作诉苦教育，亦产生强烈震撼。他们的苦难生活、血泪家史，给人们留下有关旧西藏农奴制诸多方面的真实记录与珍贵信息。这为创作《农奴愤》奠定了一手资料，即原始资料、历史背景、实名模特之基石。在此基础上，我们在拉萨、日喀则、山南、黑河、昌都等地再请回10位农奴，他们是布德、泽仁、次登、云典、格桑、白恰、察果拉、阿尼、扎西索、朗次仁，他们在《农奴愤》四大主题中都扮演主角。我们还将50位农牧民的实情诉说，编辑成134页“苦人材料”。工委宣传部部长张再旺指示：继续补充内容，再行考虑成书，同意笔者暂拟名为“知心的话儿给党听”。当时参加翻译的同志有甲央、平赞卓玛、朗嘎、洛桑晋美、朗吉、李超群、土登、宋原清、高守信、王隆俊、樊泉杉、其美玉珍、札西卓玛、凭错杰玛；负责文字整理的同志有王文成、杨华平、高守信、马凤祥、朗吉、李超群。

1965年，笔者参与讨论拉萨市筹办“被推翻了的西藏封建农奴制度”陈列时，获得该市社会历史、现状方面的丰富的资料信

息，加上50位“苦主”诉说材料，进行叠加分析，发现八个方面现象值得一提，即全区农奴和奴隶受压迫、剥削、奴役、残害、贫苦状况。

一是拉萨地区多于其他地区；

二是城镇中心多于边远、村镇地区；

三是牧区惨状重于农林地区；

四是寺院残害行径，超过贵族、官家所为；

五是债务盘剥甚过支差、地差和实物强制；

六是反对叛乱，急盼解放致残多于其他“罪名”致残；

七是奴隶境遇更惨于农奴之小差巴、大差巴阶层；

八是妇女致残人数与程度高于男性群体。

如此八层表象，揭示了旧西藏封建农奴制度“三化”本质要害：

一是以高利贷盘剥为毒剑加上劳役、实物与货币地租，导致农奴与奴隶绝对贫困化；

二是以神权为核心加上政权专制，造成占总人口95%的农奴和奴隶绝对无人权化；

三是以人为佛事狂热渲染，加上行政、司法、教育操弄，农奴和奴隶的精神绝对枷锁化。

这些就是旧西藏“政教合一、僧侣联合专政”的模样脸谱，亦是《农奴愤》所揭示的内在真相。

二、方向定位、内涵丰富、风格创新、多元素材、铸就了《农奴愤》

1. 再现农奴制度的原形，暴露三大领主的凶残，勿忘农奴的血泪，控诉地狱般的人间，愤起燃烧熊熊烈焰，彻底摧毁农奴主的天堂。如此创作的方向、宗旨和要求，为《农奴愤》注入了优质思想灵魂。事实证明，开放展演后，《农奴愤》深受广大观者的赞誉与厚爱。

2. 创作手法上，采用将革命的现实主义与浪漫主义相结合，圆雕与浮雕相结合，雕塑与画景、灯光、音乐相结合等艺术手法。室内布局上，远景与近景相匹配，道具与实物相融合，层次与深度相和谐，揭露与反抗相起伏、相密织，英雄与常人互动等。将《农奴愤》塑造成综合的、立体的、大文化艺术品，这正是创作者们的初衷。

3. 追求整体效果，产出时代信息，获得浓烈感染，需着力处理好以下八个方面的关系。

一是善爱与凶残的关系；

二是压迫与反抗的关系；

三是正面人物与反面人物的关系；

四是英雄人物与常态人物的关系；

五是层次设计与平面铺开的关系；

六是高度渲染与平铺衬托的关系；

七是场景施展与音响调节的关系；

八是人与布景、道具、动物置位的关系。

这些在《农奴愤》身上已完美体现。

三、突出重点、善于取舍、精选背景、整合构思，铸就了《农奴愤》

西藏封建农奴制度长达数百年。在创作《农奴愤》中，我们以人类中世纪末期至20世纪的1959年民主改革前的历史时代为界，重点放在进军西藏、和平解放、反对叛乱、民主改革的西藏社会历史大转变中；内容上，重点放在揭露、控诉达赖为总头子的反动集团，披着宗教外衣实施不择手段的经济盘剥，占有农奴人身，摧残人身，任性杀生的刽子手罪恶。具体创作中，逐步形成了如下整合思维。

一是宏观指导，微观组织；

二是虚拟为主，虚实融合；

三是重点突出，常规衬托；

四是实物点睛，文字简述；

五是规模适度，依需取舍；

六是去伪存真，服役本质；

七是现身说法，辅以宣讲；

八是凝固作品，长期运作。

四、四大主题、十二细部、三十真模、一百零六人，铸就《农奴愤》

立竿见影的四大主题场景：领主庄园、寺院上层、噶厦政府、农奴抗争。

精心雕琢十二细部展演：乌拉差役、无偿耕种、人驴交换、非人生活、头人逼债、吃人神权、狼狈为奸、勾结外敌、噶厦镇压、刑场抗争、残酷流放、农奴愤起。

三十真模：《农奴愤》极为显著特点即是通篇作品是真人真事真情节铺就的。全部等人高的人物雕塑中真模即占三分之一，强烈地反映着《农奴愤》的真实性、针对性和可读性。真模从何而来，笔者在此多写几句。

1965年西藏自治区成立前夕，为配合西藏革命展览馆开馆宣传，我们在全区物色与组织了50名苦大仇深的翻身农奴与奴隶进行“现身说法”，结果取得了料想未及的效果，同时记录了一批重要文字资料，建立了一份苦主档案。因此在《农奴愤》创作期和开放时间，从中请回10位来到拉萨，给予了我们各方面的帮助和支持，特别是在创作艺术人物中，更有20位参与创作，成了《农奴愤》作品中最为出色的模特。

四个民族成分是藏族、门巴族、珞巴族、回族，他们是作品中鲜活的实名民族形象，且本馆几位专业人员，既是创作团队的一员，又是美好形象的形体模特。

四大主题场景，十二细部雕琢，基本上容纳、刻画与反映了西藏“政教合一、僧侣联合专政”的封建农奴制度。

五、勿忘历史、警钟长鸣、珍惜现时、开创明天，铸就《农奴愤》真实诉求

将“西藏封建农奴制度”以艺术形象，搬上现实宣讲舞台的《农奴愤》，深受广大观赏者的喜爱，不足为奇。因为，《农奴

愤》以揭示“西藏封建农奴制度”为载体，运用雕塑、绘画、音响、灯光等现代手法，加上实情实景、实名模特、实情故事、现身说法、宣传介绍传统手法创作的一部农奴制度史艺术读本，亮相于现代化人类社会，自然会受到各方的关注。人们声声叹息，由衷表示，“不失为一部生动、完美、壮观的艺术杰作”，“看了展演，想起过去，痛苦生活哪能忘记”，“展览是血泪的控诉”，“现在就是要怒斥妄图复辟的农奴主”，“历史警钟需长鸣，奋力创建新天地”。庆祝自治区成立10周年活动的中央代表团光临后，无不赞美，连连称好。中国人民的老朋友英籍著名作家韩素音非常认真地进行了观看，赞不绝口，离去时对接待她的人表示：“很好的展览，很有艺术性。应该介绍出去，让更多的人知道西藏过去是什么样的。人们不要忘掉过去的西藏，才能过好今天的幸福生活。”看来，《农奴愤》又是一部提醒人们不忘历史、警钟长鸣、珍惜今天、创造美好明天的历史教科书。这不仅是对内地援藏教授、专家们辛勤劳动的赞赏，亦是对西藏革命展览馆人的肯定。然而，令人痛惜与遗憾的是，1994年，为筹备庆祝西藏自治区成立30周年，布达拉宫广场进行扩建，将西藏革命展览馆内容收仓，展馆拆迁。此举无可非议，时代需要，但就是无人深思，无明白人将《农奴愤》整体珍留，暂置一处。结果，毁掉的不仅仅是一座雕塑艺术品，更是难以复原的博物馆藏品。所以希望人们，特别是已具专业教养的业内人，在处置类似问题时，“三思而行，切莫盲动”。

今年，是西藏自治区正式成立50年，《农奴愤》立起40周年，笔者以此文示敬意，衷心祝贺西藏自治区正式成立50周年，心愿《农奴愤》艺术形象长留人间！

记忆《农奴愤》再现西藏农奴制

（2008年4月）

20世纪70年代中叶，原西藏革命展览馆展现给人们的大型雕塑《农奴愤》备受欢迎，西藏自治区成立10周年活动的高度赞美，更勾起翻身农奴痛苦的记忆！今天，达赖集团鼓噪了的几十年的“西藏独立”，实质就在于妄图恢复而永远不可能得逞的农奴制“天堂”。

《农奴愤》运用浮雕、圆雕、场景、模型、实具和音响六元素作艺术设计，创作领主庄园、寺院上层、噶厦政府、农奴抗争四组群像，立体铺展乌拉差役、无偿耕种、人驴交换、非人生活、头人逼债、吃人神权、阴险勾结、噶厦镇压、刑场抗争、残酷流放、农奴愤怒十二组细部。真人大小的人物106人，其中有藏族、门巴族、珞巴族、回族。百余人物中，过三分之一是真人真事实名模特。这是1965年该馆筹办期，在西藏物色、邀请和组织的苦大仇深的50位农奴到展览现身说法，收到极佳效果，也留下了一批珍贵的实物、照片和文字资料，为后来创作《农奴愤》所需人物个性、群体形象、思想情感、把握时空奠定了基础。《农奴愤》群雕，声声血泪，无不在愤怒控诉旧西藏封建制社会的罪恶勾当。

一、社会结构

解放初期，西藏藏族总人口98万余人，农奴主占5%，农奴和奴隶占95%。农奴主由寺院、官家与贵族组成，俗称三大领主。1959年统计，噶厦系统共有贵族197户，大贵族25户，小者146户，人称“披着袈裟农奴主”的上层喇嘛4000余人。

农奴分“堆穷”（意为小户）、差巴（专司支差的人）两个阶层。前者占农奴的30%～40%，其经济生活与社会地位比“差巴”苦而低。奴隶藏语称“朗生”（意为家里养人），占西藏总人口5%。他们没有任何生产资料，毫无人身自由，完全依附于农奴主，被视为“会说话的牲畜”。农奴中耕农占农奴人口的60%，牧民占20%，低层喇嘛占15%，其他流亡者、乞丐、屠夫、铁匠占5%。

二、经济形态

农奴主几乎占有全部生产资料，主要是由历代中央政府及达赖喇嘛封赐，农奴主拥有土地支配、世袭和经营权利。如十四世达赖喇嘛封文将桑雄地区20个部落的牧场、牛羊等给达扎永世占有，还免除一切差役。

西藏实际耕地330万克（相当于市亩）：官家占有128.37万克，占耕地总数38.9%；贵族占有79万克，占耕地总数24%；寺院占有121.44万克，占耕地总数36.8%。

牧区牛羊既是生产资料又是生活资料，以日喀则昂仁县为例，牧主占70%，牧农占30%。

“太阳照到的地方，是农奴主的土地，水流到的地方是农奴主的土地，山影遮挡的地方，是农奴主的土地，农奴没有一块脚板的土地，带走的是自己的影子。”这首民谣是西藏封建农奴制的经济形态的真实写照。

三、人身占有

农奴主控制了农奴赖以生存的土地、草场等物资条件，亦即必然占有依附于这些空间的农奴和奴隶。他们形同生产资料，被视为活的财富。农奴主间任意将其（包括子女）交换、转让、买卖、抵押、赠送。婚嫁选择须经认同，嫁出或外赘要纳购身费，不能支差或外出谋生必交人役税，凡此以示对农奴主的依附关系。

四、剥削方式

主要方式一是乌拉差役，一是高利贷。乌拉差役包括地（收）租、徭役和赋税。农区以劳役为主，同时还要负担实物、劳役和货币混合地租。劳役占60%，混合地租占40%。70%的好地农奴主把控称“自营地”，农奴种的劣质地称“份地”，以此条件并自带口粮、农具、耕牛在规定时限内耕作好“自营地”，此称“内差”。种“份地”农奴还要为地方政府支付各种实物、劳役和货币，称“外差”。如此繁重的劳役占农奴全年劳动量的60%～80%。牧区租式为“有生有死”“不生不死”两种。前者按实有数牲畜交税，后者按原租牲畜数照交，其租额平均占全部畜产品的50%～60%。靠天畜牧、草场退化、牲畜死亡率高，故“不生不死”租，常常致人负债累累，甚至倾家荡产。

"乌拉差役同牦牛身上的牛毛一样多。"这是因为"领主的命令就是差役"。昌都地区一个不起眼儿的吉色寺小差巴才旺贡布，五口之家耕种寺庙15克"自营地"，除向寺交差地粮外，还要交柴差、草差等，折合藏银10元，粮食15克，更要为当地政府和藏兵支各种各样的差，随叫随到，随要随给，要什么给什么。一年到头没完没了，有钱、柴、草、牛粪、酥油、氆氇、羊毛等。家里没有就得买，买不起就得借，一年下来，仅给政府和藏兵的差役，就得支出200元藏银，折合粮食300多克。

"堆穷"比"差巴"更不好过，昌都左贡县日妥区分邓达村的尼复，上辈人因贫病交加去世，在7岁时为农奴主放羊，20岁时以半克"份地"同村里其他差巴种70克"自营地"，春播秋收，全部劳动都是无偿的，自己的份地贫瘠、无肥、没水、老手段管理，打下的粮食吃两三个月就断炊，只好乞讨，就这样，还得向领主交水差、草差、晒太阳差、人头税等。为领主当了20年牛马，儿子大了被抓去当兵，逃跑不成被毒打，本人被砍两刀，鲜血直流，双眼慢慢就瞎了。

高利贷盘剥更吸吮着农奴的血。农奴主几乎没有不经商和放债的。农奴主就是债主。高利贷这种超经济剥削具有强制性还带有附加条件。达赖本人及噶厦政府设有放债机构。前者机构为"孜市""孜穷"，后者则称"孜恰""检恰""朱颇"等。据1959年"孜布"和"孜穷"账本不完全统计，十四世达赖（含家属）放高利贷藏银303885两，年收利息3038两。同期统计，噶厦政府通过"朱颇""列空"（"列空"指机关）放出债粮69573克，若以十分之一计利，年收息6957.3克，约占它的财政收入的

11.5%。

寺院僧侣集团及其个人是最高放债农奴主，约占西藏放债总额的80%。据丁青、江孜和百朗三县调查，寺院放高利贷最多，一般占40%～45%，官府占20%～15%，贵族占15%～10%，农奴主代理人、商人、债主约占10%～5%，西藏最大寺庙哲蚌寺在全藏占有185个庄园、300多个牧场、2万多农（牧）民，上层喇嘛放出高利贷粮约1070万斤，如果当时三年的旧债一起统计，估计有1亿～6亿斤，分摊到该寺所属5000农（牧）户身上，平均每户负债21400斤。放出藏银折合银圆1000万元，分摊到5000户农（牧）民身上，平均每户欠钱债2000元。哲蚌寺的总收入四分之一来自高利贷盘剥。

巧取豪夺是农奴主放债的一贯做法。如放债时用小秤，收债时用大秤，它们之间相差三分之一，哲蚌寺在20世纪初以小秤放大秤收，年仅大小秤差额即多收6万克粮食。除了大小秤，还制设了大小斗。农奴主还明文推行“子孙债”“连保债”等，致使90%以上农奴都欠债。如拉萨林周县曲龙庄园白玛加波的农奴，不知哪辈人借的债，到他已欠债3492克粮食，只得将24克差地和亲生女儿抵债，还要无偿耕种97年抵债息。又如墨竹工卡仁青里乡的次仁贡布，他的上两辈向色拉寺借了50克粮食，其利息祖父还了几十年，父亲还了40年，他本人也还了18年，三人加起来已还了三四千克粮食，当他还到19个年头时，债主说还欠10万克，所以邻里都叫他“10万克”。拉萨达孜县农奴索朗次仁的祖父借了十四世达赖经师赤江洛桑益西所属寺庙50克青稞，已还六七年，结果还欠105克无法还清，赤江的管家就强迫他给赤江耕种5

克地顶替还债。家住昌都类乌齐县的泽仁公秋，在他28岁时由于生计无门，他舅舅只好向藏兵军官借了80元藏钞，后来怎么也还不清。藏兵将其舅父抓去打了400皮鞭，实在受不了，欲投河自杀，藏兵追到河边，将其活活砸死了。

五、压迫农奴

农奴主依照农奴制“政教合一”法典，操纵农奴人生，残害农奴、草菅人命。1959年前，农奴主推行的“十三法典”“十六法典”，基本条文来自1300年左右奴隶社会法律内容，后来又吸纳了元朝一些法制，逐步形成农奴制“政教合一”法典。这种法典又分两部分：一是寺院戒律，藏语“却迟母”，意为“教法”，一是为一般人应守之法，藏语“甲迟母”，意为“王法”。寺院喇嘛犯罪只能依“教法”审理，除去喇嘛籍贬为平民，“王法”才能过问。除此，各地还有地方性不成文法律。依这种法典，政府之外，庄园贵族、大活佛的“拉让”（大寺院经济管家）、大寺院“拉基”（即寺院经济管家）可以设立监狱、刑具并关押人，对农奴任意罚罪。

封建农奴制“政教合一”法典主要条文规定：“人有上、中、下三等，每等分上、中、下三级”。依此总则出发，明文规定农奴主统治农奴是神的旨意，农奴受苦是神的旨意，农奴受苦是命中注定，不能反抗。如，“勿与贤贵胄相争”，“言语行为，要合于佛法”。又如，“下打上者，小官打大官争执者犯重罪”“民反者犯重罚”“不受主人约束逮捕之”等。伤重赔偿条文规定：凡偷盗一般人财物，赔原物的七或八倍，偷活佛、寺庙、庄园贵族财物，赔原物的80倍；偷王者财物的赔1万倍。伤人的赔偿条文规定：凡仆人反抗主人，致主人重伤，应砍掉仆人的手和脚；若主人将仆人致成重伤，仅给治疗，不予赔偿。杀人偿命条文规定："按照三等九级之分，凡上等上级人如官家、大贵族、大活佛，其命价金与尸体等重。"下等下级人如铁匠、屠夫、乞丐、流亡者、妇女被杀，命价为草绳一根。刑罚和刑具设有肉刑、刖脚、抽筋、挖眼、割鼻、割舌、去膝盖骨等。死刑有将人缝牛皮，露出头部投入水中，或从高处推下低谷或将人肚上系个大石头抛入水中等死法。至于徒刑、刑具等不一一列举。

如此极端落后、反动、野蛮的法典，致使成千上万的农奴和奴隶残疾和丧命。1950年上半年的一天，甘丹寺附属建筑起火，但很快扑灭并未造成火灾，然而寺院上层硬加罪给当地老百姓格龙、次巴、阿比和斯居四人，将其打100皮鞭后推入寺院牢房，折磨一个来月还是没有结果，在同年5月初的一天深夜偷偷把他们活埋了。格龙的妻子格桑拿着她丈夫的双手说："我的丈夫是被砍掉双手活埋的。参加活埋的人后来对我说，'审讯你丈夫时，他说自己是一个清白的人，双手告诉人们没有放过火。'那伙人当即砍掉他双手，没有几天就同另三人一起活埋了。"被砍双手放在珍宝箱藏在寺庙里，后来这双手为西藏革命展览馆收藏。格桑本人多次被审问、毒打，最后被流放到拉萨、工布地区乞讨。藏北安多县牧奴白恰10岁即为牧主次仁达告的奴隶，除了放牧牛羊，还得干繁重的体力活。16岁就为安多、黑河（那曲）地方政府支信差、打短工、屠杀牛羊、剪羊毛、省吃俭用，用节约的钱买了两头牦牛和六只绵羊，想过和正常人一样的生活，结果遭来一场横祸。白恰说，牧主的儿子就是宗政府的官员，对我弟弟说牧场上有三匹无主的马，把它弄来与你的牛羊放在我的牧场，由我替你放养。弟弟把三匹马刚牵到手，寺庙就找我说马是寺庙的。我们即刻还了马、赔礼，予以解释，但他们怎么也不行，施加严刑拷打，逼认偷了寺庙的马，并说偷寺庙的东西触怒了神，要严惩，砍掉手，挖去眼。我们始终不承认偷马。结果关了3个月，受尽了折磨，右手被砍掉，弟弟双眼被挖掉。

日喀则昂仁县叫云典的女孩儿真名为次仁卓玛，为什么叫云典？这其实是个男孩儿名。为的是想逃脱那些凶恶领主，可实际是办不到的。她的父母是远近闻名的能工巧匠。父亲善长裁缝、揉皮，母亲是织氆氇、炼酥油好手。既能干又勤劳，一家三口日子过得不错。然而，在1949年，庄园贵族强迫她父亲每天揉出10张牛皮，这实际上是不可能的。结果每天遭受皮鞭毒打，有一次被打得皮开肉绽，口吐鲜血，回到家里没几天就死去了。第二年，领主管家错宗拿着账本对云典的阿妈说，你丈夫欠下的债要还清，语音未落，家里27头牛、两对耳环、三件好衣服和一些家具被抢走了。后来，母亲与叫石确的苦人结了婚，没多久领主与寺庙勾结登门又逼债，将他们抓到寺庙做奴隶。12岁的云典放牧60头牛、100只羊，与牛羊朝夕相伴。一次一条恶狼叼走一只羊，她被痛打一顿。1953年夏天，因瘟疫死了40头（只）牛羊，寺庙栽赃是云典杀的，限定两天赔齐。继父带着母女连夜逃跑，最终还是被藏兵追抓，几个凶手当即将她继父按在地上，用大石头压在胸脯上，两人踏踩石头，另一人用羊腿骨狠压太阳穴，眼球挤出眼眶，双眼被挖出来。又将阿妈右手皮一块一块剥下来，把指头一个一个砍掉。云典本人被捆，被皮鞭、木棍乱打一气，左眼出血，不久失明。

六、农奴生活

西藏地区的农奴和奴隶的命运，可谓20世纪现代人类最惨的，不仅人身随时随地随意被践踏与摧残，无人权可言，且常态下的衣食住行无根本保障，生存权被剥夺。社会财富80%以上为只占总人口5%的农奴主占有；而占总人口95%的农奴和奴隶，仅拥有社会财富不足20%。广大农奴和奴隶是绝对贫困，且日益恶化。

七、统治恶果

农奴主以比欧洲中世纪农奴制更加残酷、更加落后、更加反动、更具欺骗的方式统治农奴，必然导致整个西藏社会生产衰退、民不聊生、疾病流行、人口减少。

因为生产力低下，据1959年统计，全藏春播1克种子（1.0克为14公斤）。秋收平均仅收3~5克粮食（42~70公斤左右）。牲畜繁殖了，以黑河为例，牛幼畜成活率与怀胎率均为40%~50%，羊幼畜成活率与怀胎率各为30%~50%与70%~80%。

因为无文化教育事业可言，全藏无文化机构与教育设施，据五个庄园调查统计：成年人总数581人，不识字的550人，占总人数的94%，识字和半通文字的有31人，占6%。

因为无卫生与预防部门，1925年拉萨郊区天花流行一次死亡7000余人。1934年、1937年两次伤寒病流行各夺走3500人与2000余人生命。

因为当地再无法生存，只好逃亡。据波密地区四个村统计：1927年有221户，1952年逃亡了177户，逃亡率80%。

因为农奴和奴隶食不果腹、衣不御寒、社会黑暗、天灾人祸、僧侣增多，致使西藏人口停滞或慢减。在清乾隆二年即1737年人口约100万，至1953年时经过184年，人口已不及100万。

如此一目了然地透视出西藏农奴制社会方方面面。欧洲中世纪农奴制在300多年前被埋葬了，西藏地区比起其更腐朽的农奴制更应早就送进人类社会史博物馆，直至1959年百万农奴在中国共产党的领导下用自己的双手才将之摧毁。

今天，记忆为再现西藏封建农奴制社会而创作的大型雕塑《农奴愤》，倍感亲切与兴奋。这不仅因当时我是作为策划、组织与编辑主事者之一，更主要是《农奴愤》所揭露、批判和控诉的正是达赖集团不愿失去并死心塌地地妄图恢复的农奴制。达赖集团及西方某些人士应该知道，死灰复燃是不可能的。欧洲中世纪农奴制被埋葬已数百年，未被卷土。今天，何况人类已进入光芒四射的21世纪，面对一个日益强盛的伟大中国，面对包括藏族在内正在崛起的中华民族，怎么会让已摧毁近50年的西藏农奴制复活！假若33年前，由西藏革命展览馆、中央美术学院、沈阳鲁迅美术学院的专家、教授集体精细创作的《农奴愤》尚存，社会意义、历史价值将无法估量。那么，就劝告达赖喇嘛们苦海无边，回头是岸，提示善良的人们勿忘过去，建设未来！

第五部分　文博事业

“全国民族工作展览”西藏馆讲解词

（试用稿）

（1979年8月）

欢迎同志们参观西藏馆。

西藏自治区概况示意图

1. 西藏地处祖国西南边疆，面积120多万平方千米，人口170多万。全区有5个专区和1个拉萨市。首府设在拉萨。

2. 西藏聚居着许多民族，藏族占绝大多数，还有汉、回、门巴、珞巴、纳西、怒族等民族外，还有夏尔巴人、僜人等。

3. 西藏被称为“世界屋脊”，海拔平均在4000米左右。境内山峦起伏、峻岭重叠、江河纵横、湖泊众多，有着极其丰富的水利和矿藏资源。

4. 西藏农作物以青稞为主，其次是小麦，蚕豆、豌豆、油菜等，其产量也很丰富。有的地方也产玉米、高粱，洛渝一带还产水稻、棉花。此外，西藏高寒地区试种冬小麦获得成功，已逐渐推广。

西藏牧业的主要牲畜是牦牛和山羊、绵羊，其次是马、驴、骡等。畜产品有皮毛、奶品和肉类等。

5. 西藏是祖国重要林区之一。雅鲁藏布江中、下游和尼洋河谷到波密一带，有许多未经开发的原始大森林。木材种类很多，有许多重要经济林木，价值很高。

6. 西藏有许多名贵药材，如熊胆、鹿茸、麝香、虫草、贝母、大黄等。

7. 矿产资源品类繁多，有石油、天然气、硼砂、硫黄、云母、重晶石、石墨、石膏等，还有大量的铬、铁、铜、锌、煤、盐、碱等。此外，地热资源蕴藏量也极其丰富。

8. 西藏交通比中华人民共和国成立前有很大发展，公路以拉萨为中心，四通八达，各县均通车，还开辟了拉萨—成都和拉萨—兰州两条航线，加强了西藏和祖国各地的联系。

9. 西藏的工业是新兴的工业，集中在拉萨和林芝地区，全区有电力、机械、毛纺、森工、造纸、印刷等中、小型企业260多个。轻工业和手工业也有相应的发展。

10. 西藏有不少名胜古迹。如布达拉宫、大昭寺、扎什伦布寺均为游览胜地。

第一单元　世界屋脊　西南边疆

（版面一）西藏人民和祖国各族人民的亲密关系，在很早以前就开始了。到了唐代，这种关系有了进一步的发展。在1000多年前，西藏地方首领松赞干布迎娶了唐朝的文成公主（指照片）。唐代长庆元年（821），建立的这块“甥舅会盟碑”（指照片）至今还屹立在大昭寺前，旁边的柳树相传是文成公主亲手所栽。

西藏从元代起，正式归入祖国的版图，到现在已有700多年了。元代中央政府设立了管理西藏地方的行政机构“宣政院”（指实物文照）。元世祖忽必烈封西藏八思巴为“大元帝师”，又赐玉印（指实物）。这是八思巴朝见忽必烈的壁画（指照片）。

明代，西藏地方政府的原有官员都受到中央政府的加封。这是明太祖洪武八年（1375后）给拉萨楚布噶马巴（藏传佛教噶举派）喇嘛的诏书（指照片）。

清代、民国中央政府，对西藏行使主权，管理着西藏地方。1940年蒙藏委员会委员长吴忠信入藏，主持第十四世达赖喇嘛的坐床典礼。这是吴忠信和十四世达赖丹增嘉措的照片。

近百年来，帝国主义妄图把西藏从祖国分裂出去。1904年，英军侵入西藏，西藏人民在祖国的支援下，英勇反抗侵略。这是莱丁代本与英军谈判代表（指照片）。同年，西藏人民在江孜展开了大规模抗英斗争，这是江孜抗英碉堡的遗迹（指照片）。在西藏各族人民的反抗下，帝国主义的阴谋遭到了可耻的失败。

（版面二）西藏是富饶美丽的地方。喜马拉雅山的珠穆朗玛峰，高达8844.43米，是世界上最高的山峰（指照片）。雅鲁藏布江是西藏最长的河流，也是世界最高的大河（指照片）。

气象万千的茫茫林海，把西藏映衬得更加富饶而美丽（指照片）。

牧区羊群滚滚、牛肥马壮，增添了草地风光特色（指照片）。

阿里地区班公湖上的鸟岛，百鸟飞翔、美丽壮观（指照片）。

察隅地区素有“西藏江南”的雅誉。良田万顷、稻谷飘香（指照片）。

（版面三）西藏的人民是勤劳、勇敢智慧的人民。他们世代居住高原，繁衍生息，创造了灿烂的民族文化。雄伟的布达拉宫就是西藏劳动人民智慧的结晶（指照片）。大昭寺精湛的建筑和雕刻艺术，生动活泼、玲珑剔透（指照片）。

西藏人民能歌善舞，藏戏（指照片），为人民所喜闻乐见。

西藏人民创造和使用了本民族的文字，卷帙浩繁的藏文图书（指照片），记载着藏族人民的历史。西藏的医、药学著作（指照片）丰富了祖国医药学宝库。藏族的历算（指照片），历史久远，流传至今。

第二单元　旧西藏的封建农奴制度

（版面一）：旧西藏是一个“政教合一”、僧侣贵族专政的封建的农奴制社会。占总人口不到5%的三大领主（官家、寺院、贵族）统治着95%以上的农奴。农奴主占有全部土地和绝大部分牲畜。农奴束缚在他们的土地上过着悲惨的生活（指统计）。农奴的孩子一生下来，就得交纳出生税。这个孩子便成为人身依附于农奴主的小农奴了（指照片）。农奴主利用政府法律监狱以及镇压人民的藏军维护他们的统治。旧西藏的十三法典中（指照片）规定：“下对上反抗者，民反者，均治重法……并把人分为三等九级，农奴属于最底层。”

（版面二）三大领主对农奴的剥削，主要有地租剥削、乌拉差役和高利贷。寺庙还利用封建特权进行种种剥削。农奴除交纳地租外，还要支乌拉（指照片）。其中有支背人差的。农奴欠了高利贷，世世代代还不清。这位农奴叫次仁贯布，负债竟达11万克之多（指照片）。这样的超经济剥削，迫使许多农奴家破人亡，流浪乞讨。如果触犯了农奴主，不是被剜眼，就是被剁手（指照片），成了囚犯，还得沿街乞讨为生（指照片）。

旧西藏残酷的压迫和剥削，造成西藏人口减少，生产力低下，（指统计）这就是旧西藏贫穷落后的根源。

（版面三）农奴阶级是由差巴、堆穷、朗生三种人组成。他们生活悲惨，贫苦不堪。“带走的是自己的影子，留下的是自己的脚印。”这户农奴和牧奴（指照片），一贫如洗，濒于绝境。看！这位老人病倒长街（指照片），这些孩子与狗争食（指图片），这就是农奴生活的写照。

然而，农奴主阶级都挥金如土，过着奢侈豪华的生活。这些住宅和卧室，耗尽了多少农奴的血汗（指照片），这一件海龙皮衣服（指实物），价值10000多元，而农奴的一件破衣（指实物），已经穿了几代人。

两个阶级，两种生活，形成了鲜明的对照。

下面，请参观“农奴恨”。

支乌拉

山路险，天地黑，

支差路上雪纷纷。
大地路千条，
条条老是支差路；
高原山万座，
山山都见支差人；
腰压断，髓榨干，
农奴的脊背，一年到头血淋淋！

支内差

领主把农奴当牛马，
农奴儿女是苦根生。
从早到晚不得闲，
孩子饥饿没人问。
孩子哭，声声紧，
声声牵着妈妈心！
阿妈哪能不疼你，
奴隶本是断肠人！

鞭挞

怎忍看：
道道血迹，
怎忍听：
阵阵鞭声……
农奴千百万，

那个没曾受毒刑？！
农奴生来无欢笑，
高原遍地有哭声！

牛棚

磨啊磨，从早到晚，
磨啊磨，年复一年，
从小磨到老，
头发磨白腰磨弯！
磨啊磨，
天天转，
农奴血汗你榨尽，
苦难无边恨无边！

逼债

没借一粒粮，
怎么负下千克债？
阿爸，请你告诉我！
从小卖身抵债，
债却越欠越多！
天啊，这是为什么？
人间多少不平事，农奴苦最多。

杀生

袈裟难遮滔天罪，
高墙怎断阶级情！
救救孩子，救救孩子，
声声撕裂长空。
无情草木会落泪，
无心石头也伤情。
谁说人间无地狱？
农奴就在地狱中！

砍手

油锅滚，
长刀悬，
活着和死了差不多，
何惧油烫刀砍！
扑不灭，砍不断，
农奴要自由，
复仇烈火遍地燃！

英雄

乌云垂，雪山悲，
布达拉宫雪纷飞。
男女老少心欲裂，
壮志未酬肝胆碎。

农奴生来无媚骨，

顶天立地志不悔！

英雄鲜血洒高原，

一人倒下万人随！

流放

寒风吹，雪满天，

何人见此不辛酸？

好孩子，泪莫弹，

黑暗愈重夜愈短，

严冬过去是春天！

百万农奴盼解放，

封建农奴制一定要推翻！

第三单元　农奴翻身见太阳

（版面一）遵照党中央和中央人民政府的指示精神，西藏军区委员会和西南军区司令部联合颁发布告，宣布和平解放西藏的政策，指出：人民解放军入藏后，保护西藏全体僧侣、人民的生命财产，保障西藏全体人民的宗教信仰自由，保护一切喇嘛寺庙，帮助西藏人民开展教育和农牧工商业，改善人民生活。

1951年5月23日，中央人民政府和西藏地方政府签订了《关于和平解放西藏办法的协议》。为此，伟大领袖毛主席设宴招待阿沛·阿旺晋美，祝贺十七条协议的签订（指照片和“协议”文本）。

进藏部队长途跋涉（指照片）进军西藏。广大藏族同胞组成“藏民担架队”，支援解放军。1950年10月10日昌都获得解放。

1951年10月26日，中国人民解放军进入拉萨（指照片），受到藏族人民的夹道欢迎。拉萨人民欢庆西藏和平解放。

（版面二）1955年3月9日，在国务院全体会议第七次会议上，通过了关于成立西藏自治区筹备委员会和关于帮助西藏地方进行建设事项的决定（指照片），充分体现了党中央和中央人民政府对西藏的关怀。

驻藏人民解放军和地方工作人员严格执行十七条协议，认真贯彻执行党的民族政策。中央人民政府驻西藏代表张经武向广大僧侣宣传宗教信仰自由政策，给他们发放布施（指照片）。昌都解放委员会主任王其梅向爱国人士，宣讲党的统一战线政策（指照片）。

进藏部队遵照毛主席关于“进军西藏，不吃地方”的指示，开荒生产，艰苦奋斗（指照片）。为帮助贫苦农牧民发展生产，发放了无息农牧业贷款（指照片）。在拉萨建立了第一所中学（指照片）培养人才。医务人员深入农牧区，免费为群众治病（指照片）。

（版面三）正当十七条协议得到严格地贯彻执行之时，原西藏地方政府和上层反动集团，却暗中勾结帝国主义，蓄意撕毁和平解放西藏十七条协议，妄图分裂祖国、破坏统一，保存封建农奴制度，并且，不听中央规劝，毫无悔悟，终于在1959年3月10

日，发动了反革命武装叛乱。

早在1955年，上层反动集团就策划四川等地的反动土司头人进行叛乱。这是他们“护教反共军”的指令（指文照）。1956年，拼起反革命组织“四水六岗”。这是他们的反动文件（指照片、实物）。1958年，上层反动集团指使善都、丁青、黑河、山南等地区反革命行动；1959年3月，公然撕毁十七条协议，给三大寺下叛乱令（指实物），提出“赶走汉人”“西藏独立”的反动口号，全面发动叛乱。这是反动组织“西藏独立国”会议的“法律”（指实物）。3月19日，叛匪向人民解放军驻拉萨部队和地方机关发动全面进攻（指照片），彻底走上了背叛祖国、背叛人民的道路。

（版面四）1959年3月28日，国务院发布命令，责成西藏军区彻底平息叛乱，并自即日起解散西藏地方政府，决定由西藏自治区筹备委员会行使西藏地方政府职权（指文照）。

1959年4月18日，周恩来总理在第二届全国人民代表大会首次会议上做政府工作报告，分析了西藏问题，会议通过了《关于西藏问题的决议》。

根据全国人大六次会议决议精神，西藏自治区筹委会全体委员一致通过《关于进行民主改革的决议》（指照片），对西藏地区实行“边平叛，边改革”的方针。西藏军区政委谭冠三将军布置平叛战斗（指照片）。平叛部队所到之处，受到藏族人民的热烈拥护，他们纷纷向解放军控诉叛乱分子的罪行（指照片），并积极支援平叛部队，彻底平息反革命叛乱。

在实行民主改革中，严格区别叛与未叛的界限，对叛乱农奴主的土地，实行没收后分配给贫苦农奴的政策（指照片），对未叛农奴主的土地，实行赎买政策。由国家赎买后，把土地分配给无地的农奴（指照片）。

农奴翻身解放，当家做主人。在农牧区，普遍建立起贫苦农牧民协会（指照片）。

（版面五）1956年西藏自治区筹备委员会成立。毛主席亲自题词："祝贺西藏自治区筹备委员会的成立"（指语录）。党中央派出以中共中央政治局委员、国务院副总理陈毅为首的中央代表团前往拉萨祝贺。这是中央代表团团长陈毅离开北京时，邓小平、贺龙等党和国家领导人到北京车站送行的情景（指照片）。

1965年，三届全国人大常委会通过决定，批准正式成立西藏自治区（指文照）。这是西藏自治区成立时，西藏自治区主席阿沛·阿旺晋美在大会上讲话（指照片）。

西藏自治区成立后，各级人民委员会相继成立。这是西藏第一个经过民主选举产生的乃东县人民委员会。藏汉干部一道研究全县的情况，开展工作（指照片）。

1956年4月，藏文版《西藏日报》正式创办发行。用藏文出版的各类图书，已由西藏人民出版社大量印刷发行（指实物）。

各级党政军少数民族干部，在三大革命运动中，逐渐成长壮大起来。图为五届全国人大代表巴桑（自治区党委副书记）、措姆（门巴族、山南专署副专员）和安增（林同农场铁姑娘队队长）等在一起亲切交谈（指照片）。西藏有大批藏族同志加入了中国共产党（指照片），成为少数民族的共产主义战士。

（版面六）在党的"慎重稳进"方针的指引下，广大翻身农奴尝到了民主改革的甜头。自治区党委前任书记张国华深入广大农牧区，进行调查研究（指照片），了解翻身农奴的愿望和要求，以便及时地引导广大农奴走社会主义道路。

西藏第一个朗生互助组——结巴乡互助组诞生了（指照片），成为百万翻身农奴走社会主义道路的榜样。在发展生产的前提下，有组织、有计划、有步骤地建立农牧业生产合作社。1975年，城市工商业的社会主义改造胜利完成。这是拉萨市城关区工商业者座谈实现工商业社会主义改造，生产获得发展的情景（指照片）。

生产关系的变革，促进了生产力的发展。翻身农、牧民怀着胜利的喜悦，迎来了更大的农牧业丰收。图为克松乡翻身农民抬着毛主席的画像，在丰收在望的田野里，欢度“望果节”。

第四单元　可喜的成就　巨大的变化

随着民主革命和社会主义改造的胜利，西藏人民的悲惨生活，就像雅鲁藏布江的波涛一样，一去不复返了。农奴、奴隶成了社会的主人，他们的聪明才智得到了发挥，他们建设幸福、美好新西藏的理想有了实现的可能，社会主义积极性空前高涨。

在党中央和毛泽东同志直接领导下，自治区党委面对封建农奴制度的生产力十分低下，经济停滞衰退的实际，根据藏区地域广阔、人口稀疏、气候条件特殊，交通极为不便等特点，因地制宜，坚持以农牧业为主，相应发展工业的指导思想，制定了一系列有关开发、建设西藏，改善人民生活的具体政策。在短短几年中，西藏各项事业都得到迅速发展，高原的面貌发生了巨大变化，百万翻身农奴在封建农奴制的废墟上绘出了一幅美丽的图画。

西藏人民前进的道路是不平坦的。特别是林彪、“四人帮”的干扰破坏，使西藏经济的各个领域都出现了程度不同的马鞍形。个别部门元气大伤。林彪、“四人帮”的倒行逆施受到西藏人民的坚决抵制。

一、粮食丰收　基本自给

农业为基础。农业在西藏的国民经济中占有较大的比例。搞好农业对西藏说来，有特殊的战略意义。

西藏地处高寒，无霜期短。搞好农业困难很多。各族人民学习大寨人自力更生、艰苦奋斗的精神，破除迷信、科学种田，大搞农田水利基本建设（照片），深入进行耕作制度和耕作方法的革命，大面积试种、推广越冬作物——冬小麦（照片1），粮食连年丰收，现已基本自给。

二、牲畜增长　草原兴旺

西藏牧场是我国五大牧场之一，草原辽阔、水源丰富。但在过去，草场鼠害猖獗、瘟疫发病流行、牧草严重退化、牲畜日趋减少。民主改革以来，牧民们逐步改变靠天养、逐水草而居的游牧生产方式，战风雪、斗严寒，大搞草场基本建设，兴修水利、灌溉草原（照片），开展群众性的灭虫除害（照片）、改良畜种（照片）、改造牧草、防治疫病（照片）活动，取得了一定成绩。牲畜存栏数明显提高（照片），草原上人畜两旺、欣欣向荣

（照片）。

三、注重林业　护林造林

西藏是全国第二大林区，藏量丰富、种类繁多。但就全区而言，森林覆盖率只有8%，分布很不平衡，大部分农区、牧区少林，甚至无林。

全区各族人民注意改变乱砍滥伐、只伐不造的风气，保护森林、合理采伐、利用森林（照片），坚持年年植树造林（照片），取得了一定成绩，对促进农牧业的发展也起了积极作用。

四、因地制宜　多种经营

抓好副业生产、改善人民生活，对建设西藏、保卫边疆意义重大。

民主改革以前，西藏虽然有很好的发展副业的条件，但是生产水平很低。经过多年的努力，这种情况大有改变。蔬菜已能自给（照片），苹果原来只是贵族庭院中的观赏品，现在可以满足市场的需要（照片）。

五、兴办交通邮电

公路交通是西藏经济的命脉。西藏山高水急、交通闭塞，过去只能靠人背畜驮。要建设一个新西藏，非改变这种原始状态不行。因此从一开始，党和政府就十分注重发展公路交通事业（照片）。到目前为止，已经建成一个以拉萨为中心，川藏、青藏、新藏为骨干的公路网。跨越喜马拉雅山的中尼友好公路已经通车。公路总长达2.2万千米（图表），做到了县县有公路、县县通汽车。

公路交通部门是被林彪、“四人帮”破坏最严重的单位。（图表）它给西藏各族人民带来的危害多么深重。

民航机已突破高山禁区，飞到拉萨（照片）。

邮电事业也迅速发展，几乎每个公社、每个生产队都已通邮，鸿燕飞遍世界屋脊的万水千山（照片）。

六、新兴的工业

在封建农奴制的旧西藏，工业是一张白纸，竟然连一根火柴、一颗螺丝钉都不能制造。为了彻底改变这种状况，西藏自治区党委在坚持以农为主的前提下，十分注意发展相应工业，并首先抓了与国计民生密切相关的交通、电力（照片）、汽车修配（照片）、农机（照片）、建材（照片）、毛纺（照片）等方面企业的建设，促进工业全面发展。几年里，西藏工业从无到有、由小到大、从少到多，到目前为止，已经在国民经济中占有相当比例，并培养了一支以少数民族为主的工人队伍（照片）。藏汉工人互教互学为我区的建设事业做出了应有的贡献，为实现四个现代化打下了基础。

年轻的西藏工业受到了林彪、“四人帮”的严重摧残。这张图表展示的数字，令人触目惊心！（图表）

七、传统手工业

西藏的手工业品独具一格，在国内外享有很高的声望。手工业工人在旧西藏地位低下，差役繁重。随着帝国主义入侵和外货倾销，手工业受到沉重打击，已奄奄一息。

党和政府对传统手工业保护、扶持，使之恢复、发展。名牌产品得到继承，并有创新。著名的江孜拉萨地毯、卡垫，色泽鲜艳、构图生动、毯毛挺括，远销世界各地（照片）。吉德秀围裙有浓郁民族特色，在南亚次大陆受到欢迎（照片）。

八、开展民族贸易

搞好民族贸易，特别是民族特需商品的贸易，是党的民族政策的重要组成部分。民主改革前，商业为三大领主、外国商人垄断。他们依仗特权，敲诈勒索，对各族人民残酷剥削。现在，一个以国营商店为主、供销合作社会为辅的社会主义商业网已遍及全区（照片），祖国各地人民为西藏生产许多特需商品（照片），国家每年调进大批物资（照片）。如今的西藏市场商品充裕、购销两旺（照片），销售量年年都以较大幅度增长。

九、文化艺术　百花争艳

西藏历来有歌舞海洋之称，文化遗产极为丰富，文艺工作者坚持双百方针，古为今用、推陈出新（照片），创作演出了大批反映各族人民生活的新剧目（照片）。新闻（照片）、出版（实物）、广播、电视（照片）、电影事业也在发展，高原的文化园地，百花盛开、万紫千红。

十、推广教育　培养人才

实现民族区域自治的核心问题是共产主义化的民族干部问题。

西藏和平解放后，党和政府就十分注意发展教育事业，培养民族干部。

旧西藏只有两所学校，民主改革以后，学校大批建立，入学率增长很快（图表），为西藏革命和建设培养了大批人才（照片）。

靠刻木、结绳记事的门巴、珞巴、僜人、夏尔巴人也有了本民族的学校。民族教师队伍日益壮大（照片）。

十一、发展体育卫生事业

旧西藏，农奴、奴隶是三大领主会说话的工具，没有人关心他们的身体健康。党和政府始终把提高各族人民健康水平当作大事来抓。

开展群众喜爱的体育活动（照片）、培养体育专业人才，大大增强了各族人民的体质。伟大领袖毛主席亲切接见登上珠穆朗玛峰的藏族运动员贡布，给西藏各族运动员极大鼓舞（照片）。

旧西藏只有一所医院，农奴、奴隶无医无药。每次传染病流行都有一批人死亡。党和政府十分注意医院和医务人员队伍的建设。（照片）各族人民疾病减少、体质增强、人口增加，促进了革命、建设事业的发展。

十二、美好的生活

在党的民族政策的光辉照耀下，今日的西藏，到处充满了阳光。各兄弟民族在建设社会主义新西藏的历史进程中，团结友爱、和睦相处、幸福地生活在一起（照片）。一种新型的社会主义民族关系在形成。

随着革命和建设事业的不断深入，西藏各族人民生活水平日益提高，一年更比一年强（照片）。

第五单元　在新长征的道路上

和平解放以来，西藏革命和建设都取得了一定成绩，世界屋脊发生了巨大的变化。这是我们党运用马列主义、毛泽东思想解决民族问题的光辉范例，是党的民族政策的伟大胜利。

这个胜利来之不易，是西藏各族人民同国内外反动势力、封建农奴主阶级，同特殊的自然条件进行长期斗争的结果，特别在后十年里，是同林彪、“四人帮”斗争的十年。

1976年，党中央粉碎了“四人帮”反党集团，号召全国人民进行新的长征，向毛主席、周总理生前提出的实现四个现代化的宏伟目标奋勇前进。西藏各族人民群情振奋，坚决拥护。

我国进入了一个重要的历史性转变时期，西藏的革命和建设也进入了一个新的发展阶段。

一、党中央率领我们新长征

二十九年的实践证明：党中央和毛泽东同志为解决西藏问题制定的“一切工作都要慎重稳进”等一系列方针、政策都是正确的，但统统被林彪、“四人帮”诬陷为右倾投降，搞乱了思想，混淆了是非，给西藏的革命、建设带来严重影响。西藏各族人民愤怒声讨林彪、“四人帮”的滔天罪行（照片），热烈欢呼粉碎“四人帮”反党集团的伟大胜利（照片），坚决拥护粉碎“四人帮”以来党中央的方针政策（照片），决心彻底肃清林彪、“四人帮”的流毒和影响。

二、落实政策安定团结

拨乱反正、正本清源，特别要对党的民族政策的执行情况进行认真检查，认真落实统战政策（照片）、宗教政策（照片）、农牧区经济政策（照片）、知识分子政策（照片）以及从国外回归的藏族同胞政策（照片），巩固安定团结的政治局面，调动一切积极因素（照片），为建设新西藏共同奋斗。

三、努力实现四个现代化

党的十一届三中全会决定：把工作着重点转移到社会主义现代化建设上来。

西藏各族人民早就盼望彻底改变高原的落后面貌，对十一届三中全会、五届全国人大二次会议精神衷心拥护，坚持四项基本原则，继续解放思想、辛勤劳动、努力工作，这是开发利用地热的情况（照片），研究高山植物（照片），研究高山病（照片）。

西藏的科研工作刚刚开始。各族人民决心努力学习、大胆实践，不断总结经验，为西藏早日实现四化做出自己的贡献。

和平解放以来，在毛主席革命路线指引下，在党中央领导下，我们的工作取得了一些成绩，但和祖国内地兄弟省、市、自治区相比，差距仍然很大。我们的起点低、经济基础还很薄弱、科学研究相当落后，对国家的贡献很小。万里长征刚刚走出了第一步。

祖国在飞速发展，各兄弟民族在大步前进。全国实现四个现代化，在新长征的道路上，虽然困难很多，但是西藏有丰富的资源，有勤劳、智慧的各族人民，有各族人民的坚强团结，有党中央的亲切关怀，有各兄弟省、市、自治区的大力支援，也有二十九年正反两方面的经验教训，西藏实现四个现代化是完全可能的。

重担在肩，光明在前。西藏各族人民决心紧密团结在马列主义、毛泽东思想旗帜下，紧密团结在党中央周围，继续艰苦奋斗，彻底改变西藏的面貌。

一个现代化的社会主义新西藏必将出现在万里高原，我们充满必胜的信心！

西藏博物馆事业之探讨

（1985年6月）

建设一个团结、富裕、文明的社会主义新西藏，一靠中国共产党的领导，二靠科学文化知识及人才，而后者是需要采取得力措施予以保证实现的。博物馆作为一种现代化科学文化教育机构，应视为措施之一。党的十二大报告中指出："文化建设指的是教育、科学……图书馆、博物馆等各项文化事业的发展和人民知识水平的提高，它既是建设物质文明的重要条件，也是提高人民群众思想觉悟和道德水平的重要条件。"在五届全国人大五次会议上的《关于第六个五年计划的报告》中提出：到1985年，全国"基本上做到市市有博物馆"，遵照党和国家的指示，从我区历史和现状出发，建立社会科学和自然科学的西藏自治区博物馆，发展西藏地区的博物馆事业，是具有重要现实意义和深远历史影响的。

我们党一贯重视博物馆事业。早在1933年中央苏区时，就曾筹建革命博物馆。在抗日战争时，于延安建立了"民众教育馆"。解放战争初期的1946年，在陕甘宁边区提出建立陕甘宁边区革命历史博物馆的建议。至于各种军事、财政、文教、卫生等展览会更是常办常新。中华人民共和国成立以后，在马列主义、毛泽东思想的指导下，博物馆事业取得了明显的进步。经过对原博物馆的整顿改造，建立一批新的博物馆，于1957年，除了青海、西藏，每个省、市、自治区都有了博物馆或筹备处，全国已有72个馆了。1978年底，党的十一届三中全会以后，通过对十年内乱的拨乱反正，博物馆事业不仅得到了迅速的恢复，而且真正开始了自己的春天。到1980年底，全国各行各业共有400来个博物馆棋布于祖国大地。其类型有革命、军事、历史、地志、自然、艺术、医药、科技等。同时，全国和一些省、市的博物馆学协会，如中国博物馆学会、中国自然科学博物馆协会以及黑龙江、山东、辽宁、吉林等省的博物馆学（筹）会都先后成立了。北京、上海创办了《博物馆》《中国博协通讯》《大自然》《博物》等刊物。在南开大学、杭州大学、复旦大学等高等院校，相继设立了博物馆专业，为培养博物馆专业人才开辟了途径。这些都是旧中国无法比拟的，是我们开创博物馆事业新局面的良好基础。

一

由于历史的原因，西藏是我国博物馆事业未开垦的处女地。建立西藏自治区博物馆，发展西藏的博物馆事业，显得十分必要，势在必行。这是因为：

第一，发展全国博物馆事业的需要。中华人民共和国成立以后，在党和国家的领导下，我国博物馆事业有了明显的发展。但是，与国外一些博物馆事业发达的国家比较，还有一定的差距，同我国这样是一个有10亿人口的社会主义大国的地位和社会的实际需要很不相称。所以，胡乔木同志在中国博物馆学会1983年座谈会上说："我们的博物馆事业需要逐步有一个大的发展，范围要扩大，品种要增多，这是中国人民政治教育、文化教育的迫切需要，也是社会主义现代化建设的迫切需要。"西藏地区的博物馆，是全国博物馆事业的重要组成部分。发展西藏地区的博物馆事业，既为提高我区各民族人民的科学文化知识水平，开拓了一个新领域；又为全国博物馆事业的发展，做出了自己的贡献。

第二，普及科学文化知识的需要。周恩来同志曾在《关于知识分子问题的报告》中指出："为了实现向科学进军的计划，我们必须为发展科学准备一切必要的条件。……必须加强图书馆、档案馆、博物馆的工作。"我区现代科学文化水平不高，大家都深有感受，这是历代反动统治阶级和西藏的旧制度本身所造成的。解放30多年来，党领导各族人民为扫除文盲，提高民族科学文化水平，进行了艰苦卓绝的工作，取得了可喜的成就。目前，自治区党委和人民政府为了逐步改变仍然存在的落后状态，继续采取着切实可行的措施。博物馆作为科学文化教育机构，一方面可与我区的高等院校、教育部门、科研单位共同承担大力发展科普事业，提高文化知识水平，培养具有共产主义觉悟和各种专业知识的人才的使命，另一方面，又为这些单位和其他领域提供教学、科研资料和场所。

第三，建设高度精神文明的需要。1980年以来，由于全区军民认真贯彻中央关于西藏工作的重要指示，使西藏的政治、经济和文化生活都发生了巨大的变化。1984年6月，区党委又提出了“力争三年一小变，五年一中变，十年一大变”的行动纲领。在这个“变”字里，包含着建设高度物质文明和精神文明的极其丰富的内容。关于物质文明和精神文明的含义，党的十二大文件中做了科学的论述，指出：“精神文明表现为教育、科学、文化知识的发达和人的思想、政治、道德水平的提高。”为了逐步实现这种要求，就要动员全党和全社会的力量，充分利用宣传、教育、科学工具，开展多种形式的活动。博物馆作为上层建筑，通过陈列展览，用实物直观教育这一特殊手段，指导人们去认识世界改造世界，同时也改造人们的主观世界，陶冶人们的思想情操，不断提高政治觉悟和道德水平。由此看来，精神文明的建设，向我国的博物馆事业提出了更高的、带有方向性的要求，应当努力把我国的博物馆办成建设社会主义高度精神文明的一个重要阵地。这也正是需要把西藏的博物馆事业搞起来的客观要求。

第四，执行民族政策，加强民族团结，进行革命传统教育的需要。党中央在1980年关于西藏工作的重要指示中强调指出：“坚决执行党的民族政策，密切各族人民的关系，加强民族团结，始终是西藏必须非常重视的大问题，是我们各项工作成败的关键所在。”区党委遵照这个指示，拨乱反正，肃清“左”的影响，使民族关系由于“十年内乱”造成的创伤得到医治，民族平等团结事业得到巩固和发展，民族区域自治政策得到了恢复和充实，“汉族和少数民族谁也离不开谁”的思想观点，正在被越来越多的干部和群众所认识和掌握。藏族、门巴族、珞巴族等各族人民热爱祖国，富有革命传统，在长期历史发展中，与各兄弟民族同呼吸、共命运，共同缔造了我们伟大的祖国。历史早已做出了结论。共同的根本利益，把汉族、藏族和其他少数民族的命运紧紧连在一起，休戚与共，相互依存，谁也离不开谁。在进行社会主义现代化建设的今天，我们更需要维护民族团结，坚持“两个离不开”的思想，博物馆能够运用生动活泼的形式，向我区军民大力宣传党的民族平等团结、区域自治政策，进行革命传统教育，使“两个离不开”的思想深入人心，影响和教育后代。

第五，帮助人民了解历史、认识自己、热爱西藏、建设西藏的需要。勤劳、智慧、勇敢的西藏各族人民，千百年来，在“世界屋脊”创造了人类绚丽多彩的历史文化，成为中华民族文化宝库中一颗光彩夺目的明珠。博物馆通过陈列展览传播各族人民的生产活动、生活状况、科学技术、文化艺术、风俗习惯等社会和自然历史发展的具体知识，使广大人民群众在直接观察过程中，认识自己过去创造的历史文化和社会主义今天的现实，既帮助人民了解了自己是历史发展的动力，又知晓今天在建设社会主义新西藏和整个国家“四化”建设中的地位和作用；既赞美了富饶美丽的西藏，又激发了人们“热爱西藏，建设西藏”的热情。正如毛泽东同志在1958年视察安徽省博物馆时指出：“一个省的主要城市都应该有这样的博物馆。人民认识自己的历史和创造力量是一件很要紧的事。”

总之，西藏地区博物馆事业的建立和发展，是西藏社会发展的需要，也是西藏社会历史发展的必然产物。

在我区发展博物馆事业，不仅是必要的和迫切的，而且也具备了逐步予以实现的基本条件。

二

首先，自1960年民主改革基本完成后，自治区建立了文管会、档案局、展览馆和拉萨市文管会等文物、展览工作机构。在自治区的领导下，这些单位认真地贯彻了原西藏工委制定的“集中起来，保管好文物”（含历史档案）的工作方针，征集、收藏了一大批珍贵的历史、革命文物和文献资料，进行了初步的整理和分类，并注意了对全国、全区公布的重点文物保护单位的管理和维修工作。通过文物考古的若干普查和个别遗址的试掘，获得了从旧石器到新石器时代有关反映原始社会的贵重考古材料，这是我们筹办博物馆的物质基础。

其次，文管会、档案局、展览馆建立以来，通过对文物、文献资料的调查征集、收藏保管、整理研究、陈列展出、宣传教育等活动，特别是“西藏是祖国领土不可分割的一部分”“被推翻了的西藏封建农奴制社会”“从猿到人”以及庆祝自治区人民政府成立10周年成就展等陈列展览活动，不仅积累了不少的实践经验，初步掌握了带有博物馆性质的工作程序，更为重要的是培养和锻炼了一批以藏族同志为主的专业人员，他们是文物、展览工作战线的骨干力量。这些都是发展我区博物馆事业的重要的条件。

再次，现在各领域的藏族老人、老专家、老学者和“老进藏”、老干部都健在。他们对西藏的过去和现在很了解，有丰富的革命经验、渊博的知识，对为社会主义现代化建设服务的文物、文献、展览工作很热心，很关心。这是进一步推进我区文博事业的指导力量。我们要趁这些前辈们健在，把建立我区的博物馆提到近期日程上来。

特别是党中央、国务院非常关心我国博物馆事业的发展。五届全国人大五次会议，已把发展博物馆事业，写进了《中华人民共和国宪法》，国务院文化部文物局也正在采取有力措施认真贯彻执行。区党委一向非常重视西藏的文物工作，关心博物馆的筹建问题。早在1960年，就以“中共西藏工委文物管理委员会”的名义，在全国文物、博物馆工作会议上提出了“西藏地区文物、博物馆事业八年规划”。其中包括筹建西藏地志博物馆、农奴主庄园博物馆、宗教博物馆等以及组织机构、培养专业人员等设想。党的关怀、人民的希望，是我们开创、发展西藏博物馆事业的最可靠的保证。

三

我们讨论了发展西藏博物馆事业的必要性和可能性。下面就提出如何使这项事业得以实现的具体设想。

（一）建立西藏自治区博物馆。这是一个包括社会科学、自然科学在内的综合性地志博物馆。它的基本陈列包括：西藏社会历史发展部分（即原始社会、奴隶社会、封建农奴社会、社会主义社会——含民主改革、社会主义革命和建设），自然科技部分（包括自然概貌、自然资源及其开发利用、科技发展史、现代科技成就，高原动物、植物、矿物、地质等标本，起着自然博物馆的作用），民族民俗部分（藏族、门巴族、珞巴族、回族和夏尔巴人、僜人的生产方式、生活习惯、风土人情，如衣、食、住、行、家庭、婚姻、丧葬等，实际上是西藏地区的民族博物馆）内容。

除了基本陈列外，经常举办小型多样、时间不长、题材广泛、内容丰富的专题（或临时）展览，是把博物馆办活的重要手段。

西藏自治区博物馆，要有鲜明的民族特点和地区特色。要从西藏的实际出发，有什么就陈列什么，不能照搬内地博物馆的内容和形式。在陈列内容上，要做到雅俗共赏、深入浅出；形式上，形象、生动、活泼、鲜明，为广大群众所喜爱。在一个较长时间内，以普及科学文化知识为主要任务。

博物馆的机构，可设文物保管、陈列展览、群众工作、资料研究四个部门和总务办公室。

成立“博物馆之友”的组织。聘请馆外一些专家、学者为馆员。根据西藏的实际情况，馆员可以是高等院校讲师、科研单位的助理研究员、农牧工业生产部门的农艺师、工程师以上者。实行例会制，讨论和研究有关博物馆建设、陈列、科研等重大课题。

（二）建立宗教博物馆。包括在拉萨建立一个“西藏宗教艺术博物馆”“桑耶寺宁玛派博物馆”“萨迦寺萨迦派博物馆”“哲蚌寺格鲁派博物馆”。除了“西藏宗教艺术博物馆”需要建筑馆址以外，三个宗教馆，均在原寺主要建筑和内部陈设基础上，经过必要的调查、考证和研究，按照原来面目复原起来。

宗教艺术博物馆和宗教博物馆的任务和作用是不同的。前者主要是通过寺院建筑、塑像、绘画、雕刻、冶金实物（包括供器、法器）等工艺品的陈列，从一个侧面反映藏族人民富有聪明才智，创造了灿烂的民族文化，说明藏族是一个具有悠久历史的优秀民族，为人类的文化宝库做出了出色的贡献。同时，为国内外研究宗教艺术提供一个内容丰富、生动和具体的重要基地。宗教博物馆则是集中表现西藏宗教的起源、发展和教派演变过程，剖析寺院在旧西藏的政治、经济和文化中至高无上的地位，揭示旧西藏封建农奴社会政教合一以及寺院上层的阶级实质，反映中华人民共和国成立后贫苦喇嘛和寺院所辖庄园农奴的新生。当然，这两种博物馆还带有保护文物古迹的性质。

（三）建立“江孜帕拉庄园”“山南克松庄园博物馆”。其目的，一方面从一个侧面揭露反动、黑暗、残酷、野蛮的封建农奴社会的本质，对人民群众，特别是青少年以及子孙后代进行对比教育和一定范围内的阶级斗争教育，激发人民群众更加彻底地批判旧世界，加倍努力创造更加美好的新世界。另一方面，领主庄园作为封建农奴制社会基础、组织细胞保存下来，提供一个研究农奴制这一特殊社会历史发展形态的模式。

（四）在小昭寺内建立“藏汉关系历史博物馆”。这是一个纪念性的博物馆。这个馆的作用不仅使参观者能在脑海中再现出过去历史上的情景，并能使观众理解在这里曾发生过的那些事件的意义。现在的小昭寺虽非唐时全貌，但确实具有发人深思的作用。1000多年来，藏汉两族人民在政治、经济和文化各方面的密切交往，遗存了许多珍贵的文物、文献和古迹。这些都是藏汉两族人民相依为命的历史见证，是巩固和发展平等、团结、互助的社会主义民族关系的有力工具，是进行“两个离不开”思想教育的生动教材。陈列可以按照唐宋、元明、清民国、中华人民共和国的历史顺序，设置五个陈列室。

（五）在黑河（那曲）专署所在地，建立“藏北高原畜牧业博物馆”。这是一种专业性博物馆。这个馆以藏北高原的自然风貌、资源、畜牧生产为主，辅以牧民生活习俗风土人情的内容，这个馆若能建立起来，将是一个引人入胜的专业性博物馆。

此外，还可以在现在的藏医院筹建“西藏藏医博物馆”以及建立“阿里古格王国遗址博物馆”“江孜抗英纪念馆”“泽当烈士纪念馆”“罗布林卡高原植物动物园”等纪念性、专业性的博物馆。这样，在我们伟大祖国的西藏，将有品种多样、类型有别、布局合理、内容丰富的博物馆网了。

四

建立西藏自治区博物馆，发展西藏地区的博物馆事业，是一项艰巨的工程，较为长期的任务。但应本着先易后难、从少到多、积累经验、逐步实施的原则，分三个阶段，到20世纪末完成。

第一阶段，预计在1985年内，将“西藏自治区博物馆”建成雏形，并正式挂牌。目前暂时以1980年至1985年，以全面贯彻执行了党中央关于西藏工作的重要指示后，西藏社会所发生的巨大变化作为博物馆社会主义陈设这一主题陈列内容，突出地予以反映，向西藏自治区成立20周年献礼。社会发展通史、自然科技和民族民俗的详细内容，到1990年全部完成陈列。

1985年前，将“哲蚌寺格鲁派博物馆”“江孜帕拉庄园博物馆”“泽当烈士纪念馆”建成并公开开放。

第二阶段，1985年至1990年，在进行自治区博物馆陈列的同时，完成“藏汉关系历史博物馆”“藏北高原畜牧业博物馆”“克松庄园博物馆”等馆的筹备工作。

第三阶段，1990年到2000年，办好“西藏宗教艺术博物馆”“桑耶寺宁玛派博物馆”“萨迦寺萨迦派博物馆”“阿里古格王国遗址博物馆”“江孜抗英纪念馆”和“罗布林卡高原植物动物园”等的陈列并开放。

为了逐步实现上述任务，目前，组织培养和训练博物馆业务干部队伍，是当务之急。可采取“请进来”“走出去”并以“请进来”为主的办法，切实抓好这件工作。

“请进来”，就是从内地请数量很少的专家、学者及有丰富实践经验的博物馆工作者，到西藏举办博物馆训练班，通过讲授文博工作的基础知识，培训一批文博业务技术骨干力量。

“走出去”，即是选派极少数业务骨干赴内地某些省区市做必要的考察，同时选送具有大专文化程度的藏族同志和汉族同志到天津南开大学等高等院校进修博物馆专业，培养博物馆理论工作者或研究人员。

西藏军民向来有自力更生、艰苦奋斗的光荣传统，这是办好博物馆事业的可贵的精神力量。今天，正处在伟大的改革时代，更可以充分发挥国家、集体和个人的积极性，运用社会力量，共同创办西藏的博物馆事业，如采取捐献、募捐、公办私助等办法，筹集资金，征集文物、文献和标本。当然，也不排除内地在人力、物力和财力上的必要支援。

继续抓紧抓好文物、文献、标本、科技成果的调查、征集和研究工作。对全国、全区公布的重点文物古迹保护单位、自然保护区，或被认为可作博物馆的建筑物，要继续进行重点保护和维修。

开创、发展博物馆事业，对我们西藏来说，是破天荒第一次。这是为祖国四化建设、为西藏更加幸福美好的明天进行的智力投资。这是百年大计乃至千年、万年大计的事业。要把这件好事办好，必须自始至终地在党的领导下，以马克思列宁主义、毛泽东思想为指导，坚持为人民服务，为社会主义服务的方向，贯彻“古为今用”“百花齐放”的方针，执行党的民族、宗教、统战以及文物政策，达到广泛传播历史和科学文化知识，提高各民族的科学文化水平，进行爱国主义、共产主义和辩证唯物主义、历史唯物主义教育的目的。

完璧归赵　文物返藏

——北京民族文化宫一批贵重文物、文献返藏

（1994年7月）

建国10周年首都十大建筑之一的北京民族文化宫，同中国历史博物馆、中国革命博物馆、中国人民革命军事博物馆同步面世，是中国共产党解决中国民族问题，贯彻民族政策的历史写真，体现了毛主席、周总理等党中央第一代领导集体对五十多个兄弟民族的无限深情、真切厚爱。镶嵌在门楼两侧的“团结”“进步”金光灿烂的四个大字，是中华民族坚实的民族凝聚力与跻身于世界民族之林精神力的时代纪实。因此，北京民族文化宫自建宫伊始，各族人民、各方人士关心备至。国务院在筹建民族文化宫的同时，于1959年初向全国发出《国务院关于搜集民族文化宫所需展品和图书的通知》，当时的中央民族事务委员会依据《通知》精神，组派人员赴民族地区征集“反映少数民族勤劳勇敢和富有智慧的历史文物和革命斗争史迹、图书、刊物等文献资料”。1960年派到西藏的工作组，在中共西藏工委的关心与指导下，征集了一批珍贵的文物展品和文献资料，为在北京筹办和不断充实西藏自治区（筹备委员会）馆的实物资料、民族图书馆藏奠定了物质基础，为宣传西藏、揭露旧西藏政教合一的农奴

制度，实证西藏是中国领土不可分割的一个部分起到了很好的作用，为增进民族平等、团结以及国内外文化交流，产生了极大影响。

现在，西藏自治区同祖国内地一样，改革深化、开放扩大、经济发展、民族团结、社会稳定，社会主义现代化建设成果，如同高原上的格桑花，显现万里雪域，新的形势、新的情况，要求我们进一步做好西藏地区民族、宗教和对外宣传工作。为适应这种需要，同时促成西藏自治区博物馆早日建成，近年来，西藏文物管理部门同民族文化宫几次商议返回被收藏在民族文化宫的文物展品和图书文献等有关事宜。终于1993年底，民族文化宫向西藏文化厅移交文物展品85件，图书资料5589包（一包为一单行读物），梵文贝叶经296种，完璧归赵圆满地解决了历史遗留问题。在这一工作过程中我们与西藏同人的主要共识与做法如下。

一、本着尊重历史、正视现时、实事求是、顾全大局的精神，西藏文物部门认为，民族文化宫作为国家一级民族文物、民族图书收藏机构，依据法规搜集、收藏各个少数民族文化遗产是理所当然的，因此，在决定清理收藏在民族文化宫内的西藏文献、文物，并将大部分返还西藏的同时，留下少量的文物、图书作为馆藏，以便学术研究与文化交流，应予以充分理解与支持。民族文化宫认为，西藏无论过去、现在和今后，都是具有很大特殊性的民族区域自治地方，党的民族、宗教政策始终事关大局，必须全方位地贯彻落实，以维护祖国统一，增进民族团结，满足僧侣群众宗教生活需要，这样更有利于西藏各民族团结进步与发展繁荣。因此，返还20世纪60年代初按照法规征集的部分文物和文献，是应该予以充分肯定和支持的。

二、各个民族的文化遗产是属于整个中华民族的，是祖国文化宝库的一部分。保护文物、珍惜文献是各民族人民的共同任务，更是文物文献工作机构的光荣职责，这正是我们民族文化宫与西藏文化厅在办理部分文物文献移交工作时能够相互理解、友好协商的认识基础。30多年来，民族文化宫非常珍惜来自西藏地区的文物与文献资料，成立藏族专家小组专门分类集中保管。这批文物、文献经受了像“文革”这种史无前例的破坏、危险的严峻时期，依然完好无损，这说明民族文化宫保管措施得力，保护工作出色。民族文化宫为宣传党和国家的民族政策、宗教政策，做好西藏地区的文博工作给予了积极的支持。

三、挖掘、整理、弘扬西藏各民族文化资源，是宣传西藏的需要，是民族文博工作者的历史责任。1960年，在西藏日喀则、山南征集的文物、文献，其内涵丰富、外延广阔，涉及西藏的社会历史、经济形态，文化构成、宗教轨迹、艺术风韵、民族习尚，这是西藏人民聪明才智的结晶，具有很高的历史、艺术和学术价值。30多年来，民族文化宫在认真做好保藏、保护的同时，还通过挖掘、整理、研究文物、文献举办了多专题、多题材展览，进行文化交流，在国内外都引起了积极的、良好的反响，在宣传西藏、了解西藏的过去与现在方面都给广大观众留下了深刻印象。民族文化宫和有关专家学者希望这批文物、文献返还西藏后，在继续做好保护、管理工作的基础上，进一步加大挖掘、开发、利用力度，发挥更大的作用。

亲切关怀、各方支持，保证了这批珍贵文物完好无损地运抵拉萨。自开展筹运文物工作伊始，这项工作始终得到了国务院、中央军委及全国政协的直接关注，组派专家直航护送，国家民委严格审批手续，西藏驻京办事处、驻京武警部队给予了热情支持。这又一次充分地体现了党中央和国务院对民族文化工作的高度重视，对西藏人民的亲切关怀。

弘扬民族文化　推进社会进步

——论西藏自治区博物馆建设方案

（1995年3月）

人类正从20世纪走向21世纪。21世纪是什么概念，众说纷纭、莫衷一是。韩国一位企业家说，21世纪是“人类最初摆脱贫困走向富裕的时代”，是“通过科学技术的发展和管理能力的加强决定命运的时代”。不少欧洲人认为，“21世纪为太平洋时代”“为亚洲时代”“为中国时代”。去年10月间，在“孔子诞辰2545周年纪念与国际学术研讨会”上，与会者们预言：21世纪想必会是以儒学原理为首，会同佛教原理、伊斯兰教原理、道教原理一同做主角登上世界舞台。国际著名学者、北京大学教授季羡林先生的判断是：“到21世纪，30年河西的西方文化就将逐步让位于30年河东的东方文化，人类发展将进入一个新时期。”不管怎么说，21世纪，最突出的国际现象就是国家间综合国力的竞争与较量。所谓综合国力即以经济实力和科技实力为基础，加上军事实力、精神动力之总和。人为相对优势将取代传统的经济发展优势，这是21世纪深刻历史变革最为集中的体现。

基于当今时代认识，与我们构思西藏自治区博物馆筹建具有积极和长远影响。笔者曾在西藏从事文博展览工作20年，有责任为西藏地区博物馆事业的兴办尽力，故以“论西藏自治区博物馆”命题，谈谈建立西藏自治区博物馆（以下简称“区馆”）方案与实施，抛砖引玉，大家探讨。

一、区馆的建立势在必行，刻不容缓

（一）社会进步、民族尊严的需要

博物馆及博物馆事业，是一个国家、一个地区现代文明、一个民族尊严的重要标志。

博物馆是社会生产力、社会发展的历史产物，一种独有的社会文化现象。“人类社会发展到一定阶段，需要一个不以追求营利为目的，为社会和社会发展服务的公开的永久性机构，对于世界各民族及他们生存环境的见证物进行研究、采集、保存、传播，特别是研究、教育和游览的目的提供展览。”[①]目前，全世界共有26700多座博物馆，其中三分之二在发达国家。欧洲每三四万人就有一座馆，而非洲每130万人才有一座。据1993年底统计，我国博物馆总数为1800多座。其中三分之二是1978年以来兴建的，也就是说，改革开放15年来，年均59座馆问世，若按人口计，由20世纪80年代前每200万人一座馆，到90年代初，每80万人就有一座馆了。国内外的这两组数据表明：现代化越发展，博物馆事业就越兴旺，现代化促进博物馆发展；反过来，博物馆又积极反映现代化成果，给人们带来更高档次、更为丰富、更为多样的物质与文明教育与享受。

博物馆不仅仅是现代富有的标志，而且还反映经济逻辑和一般概念之外的特殊现象即民族心态。正如《世界博物馆指南》编辑之一的肯尼斯·赫德森所说：“我们很清楚增长的速度，每年增加10%……五大洲此起彼伏地被很严重的经济和政治问题所折磨，但是，大量博物馆继续不屈不挠地增长，为什么会如此？特别是为什么世界上最贫穷的国家也感到他们的自尊需要博物馆？而他们中许多国家到了赤贫饥饿的顶点。”[②]西藏各民族是具有漫长历史、灿烂文化的民族，以独特的“雪域文化”为人类文化做出了极为宝贵的贡献，理所当然地要有自己别具一格的民族文化载体即博物馆，以满足西藏各民族群体的尊严要求。

（二）爱国主义、文明建设的需要

中央关于《爱国主义教育实施纲要》中指出：“爱国主义是动员和鼓舞中国人民团结奋斗的一面旗帜，是推动我国社会历史前进的巨大力量，是各民族人民共同的精神支柱”，并且规定“各类博物馆、纪念馆、烈士纪念建筑物……文物保护单位、历史遗迹……”是进行爱国主义教育的重要场所。博物馆作为自然标本和人文遗存的载体、科技文化和人文文化陈列中心、人类文明信息库，在我国还承担着党的基本路线、建设成就、中国国情、民主与法制、国防和国家安全、民族团结和祖国统一等的陈列展览、宣传教育的光荣任务。

我们西藏从历史到现时，从物质到精神文明，从自然生态到社会生活各个方面都蕴藏着极其丰富的爱祖国、爱西藏教育的瑰宝与教材。当然，在进行教育时，必须从西藏的现实出发，尊重历史、着眼现时，把振兴西藏，建设家乡与维护祖国统一、增强民族团结，实现四化、共同繁荣这样的系列教育有机结合起来，建立区馆的历史责任就在这里，由此可见区馆的落成是当务之急。

（三）科普教育、传播知识的需要

普及科学知识、传播科技信息、建立青少年科普活动中心、为西藏培养“四有人才”创造良好条件，是建立区馆的社会疾声呼唤。

1994年12月《中共中央国务院关于加强科学技术普及工作的若干意见》中指出：“科技竞争，特别是人才竞争，已经成为世界各国竞争的焦点。许多国家都把提高国民的科学文化素质看成是21世纪竞争成功的关键……依靠科技进步和知识传播，促进社会主义物质文明和社会主义精神文明建设，维护社会稳定，是当前我国的重要任务，也是今后我国经济发展、科技进步和社会稳定的重要保证。”就西藏而言，对科技进步和科普教育极其重要，更有其巨大的现实意义和深远的特殊影响。这是因为，一是西藏现代科学文化较为落后；二是西藏以农牧生产为主业，农牧民为主体；三是西藏全民信教。而科普宣传教育的重点对象正是广大青少年、亿万农民，特别是贫困、少数民族地区的农民。博物馆作为社会文化教育设施，是科普教育、知识传播的得力工具是毋庸置疑的。

（四）抢救文物、保存遗产的需要

1992年5月，在全国文物工作会议上，中央领导同志提出“保护为主，抢救第一”的文物工作方针。博物馆成为社会文化教育场所，最初是从收藏文物遗存开始的。征集、收藏、保护自然标本和文化遗存是博物馆最早的职能。经过数千年特别是近百年的实践，才最终形成今天博物馆“文化教育机构”“科学研究机构”“文物遗存和自然标本的收藏机构”三大职能或称博物馆“三性”，以此实现“为人民服务”“为社会主义服务”两大宗旨。

收藏自然标本和文化遗存是博物馆全部活动的物质基础，又是博物馆代表国家保护文化遗产、收藏自然标本的基本职能。因为，标本和遗存是整个国家的宝贵财富，是自然历史、民族优秀文化结晶，是最具直观、形象、真实地传播知识、实施教育的好教材，是科技文化和人文文化的信息载体。可以说，标本和文物具有的永恒价值不是强调其实用性，而是其意义，文物是物化了的灵魂，博物馆的本质就在于人与物的关系是形象化了的语言关系。西藏是我国乃至世界自然奇特、人文神秘的地区，自然科技文化和社会人文文化的遗存极其独特与丰厚，而现代化步伐加快，一切都在迅速变化，因此，建立区馆进一步实施“保护为主，抢救第一”方针，建设西藏标本与文物信息库，已是迫在眉睫之举了。

（五）建设多功能、综合性窗口的需要

随着对外开放的不断扩大，国际间的经济、文化频繁交往，中国经济发展与国际经济市场逐渐接轨，世界市场扩大，国家间距离缩小，西藏利用自然与人文资源优势，多种形式向外开放、进出雪域、参与内地、迈向世界，让世界了解西藏，让西藏认识世界，也取得了可喜的进步。现在的形势，客观上进一步要求西藏采取一系列改革、开放、搞活举措，其中包括作为现代观念、多功能、多向型博物馆这种文化复合体的加速建成。因为博物馆固有特点就是开放性的，它集知识传播、信息传递、民间交往、经贸展示、文化交流、娱乐游览于一身向公众开放。以旅游为例，随着人们物质生活水平的提高，欣赏自然风物、享受天然景色、鉴赏文物古迹、扩大知识领域、满足美的追求、培养生活情趣，日益成为人们精神生活的一部分。西藏具有得天独厚的旅游资源优势，也是开展国际文化交流的重要构成，建立区馆正是可以承担多种类型旅游的“窗口”与导游作用。

总之，博物馆作为独具风格的社会文化设施，其地位、影响与作用，是其他诸多文化形式所替代不了的。美国一位名叫海伦·凯勒的社会活动家，自幼双目失明，但她有着坚强毅力，她写有一本《假如给我三天光明》，在书中写道，把获得的第一天光明用作探亲访友，第二天观光纽约大都市，第三天她说：“我要把这一天用来对整个世界，从古到今，作匆匆一瞥。我想看看人类进步所走过的艰难曲折的道路，看看历代的兴衰和沧桑之变。这么多的东西怎么能压缩在一天之内看完呢？当然这只能通

过博物馆。”[3]博物馆在人们生活中该是多么重要啊！

二、建立博物馆的条件具备，时机成熟

改革开放15年来，在邓小平同志建设有中国特色社会主义理论指引下，西藏人民奋发进取、艰苦创业，做好自己事情推动以经济建设为中心的各项事业开展，经济发展、社会稳定、民族团结，这都是建立区馆和兴办博物馆事业的大气候、大环境、大背景，博物馆事业的兴办，又是反映经济发展、社会稳定、人民安居的重要表现，俗话说，盛世修大百科全书，同样，盛世社会出博物馆。

青藏高原是世界第三大河流长江、第五大河流黄河的源头，从已考古普查与重点发掘佐证，青藏高原及其形成的长江、黄河流域是人类发祥地之一，藏族是世界上最早形成的人们共同体之一。旧石器、新石器原始文化遗存分布极广，藏族先民至少在五六千年前就涉足万里高原，直至进入文明时代，藏族及其先民在世界屋脊极其艰难环境中创造了独具特色的“雪域文化”，这是建立区馆最为首要的条件。

1960年伊始，西藏适时地设立了文管会、档案馆以及展览馆等文博展览工作机构，在贯彻原西藏工委“集中起来，保管好”的文物工作方针中，几十年特别是近15年来，进行了大规模、科学、系统的文物普查与重点考古发掘工作，征集、收藏、保护了10万余件珍贵文物，这就为建立区馆奠定了雄厚的物质基础。

40多年来，通过对文物、文献资料的调查征集、整理研究、

陈列展览、宣传教育等系统科学活动，特别是在国内外举办了数十个高水平、高质量、高层次的传统文化、现代成就展览，一方面产生了极为强烈的反响，受到了极高的评价，另一方面使大家提高了对文博工作重要性的认识，积累了丰富的经验，这是建立区馆很重要的理论、思想准备。

藏族为主体的西藏文博专业人员已经培养起来，并初步形成了自己的民族文博专业队伍。这支队伍既有从实际工作中锻炼成长的，又有从内地有关院校如西北大学、四川大学、复旦大学培养的高级文博专业人才。他们是西藏文博事业的中坚，是支撑区馆大厦的顶梁柱。各领域西藏老人、专家、学者、“老西藏”是很了解西藏的过去与现在，很关心西藏民族传统文化和自然生态的。这些都是建立区馆非常重要的组织准备和不可缺少的社会力量。

世界范围和全国各地博物馆事业的长足发展，对西藏地区博物馆的兴办是很重要的推动力。更何况，党中央、国务院、区党委和政府都很关注西藏自然资源和人文资源的抢救、保护、开发、利用，很关心博物馆的筹建。早在1960年即以“中共西藏工委文物管理委员会”的名义，在全国文物、博物馆工作会议上提出了“西藏地区文物、博物馆事业八年规划”。1992年5月在西安召开的全国文物工作会议上宣布“西藏新建历史博物馆的议案，已在去年庆祝自治区和平解放40周年的时候定妥”④。两年多来，西藏为区馆的筹建做了大量工作。今年，是西藏自治区成立30周年，天赐良机，“天降大任”，我们满怀激情迎接一个恢宏的雪域文化殿堂——西藏自治区博物馆的诞生！

三、方案与设计

（一）馆称、性质、宗旨、任务

区馆应是集自然科学和人文科学为一体，囊括自然生态（含自然历史、科技成就）、社会历史（含经济、政治、文化、制度及其沿革）、民族民俗（含民族成分、生产、生活方式、宗教信仰等）为一身的多元一体的地方综合性博物馆。

馆的称谓为西藏自治区博物馆。

宗旨与任务，在于展示青藏高原上的唐古拉山、冈底斯山、喜马拉雅山三大山系所构成的世界屋脊之固有的、奇特的地质构造、自然生态、物种类型以及藏族人民数千年来所创造的自然科技成果；展示藏族及其先民自古以来就劳动、生息、繁衍与发展在这块美丽富饶但又极其艰难困苦的土地上，却创造了人类古往今来独树一帜的“雪域文化”。在这一漫长的历史过程中，藏族与汉族、蒙古族、满族、回族、珞巴族、门巴族等兄弟民族凝成血肉相连的关系，为组成中华民族尽到了光荣责任，同时，还说明自21世纪中叶伊始，西藏人民从封建领主制社会一步一步地走向光明和新生，今天西藏社会的进步和发展已为世人瞩目；介绍藏族、珞巴族、门巴族、回族等民族的族源、形成、沿革以及他们的生产状况、生活方式、民族风情、宗教信仰等内容。区馆应当是西藏地区立体的、直观的、形象的“大百科全书”。

那么区馆的主要任务，即是本着解放思想、更新观念、实事求是的原则，从实际出发，通过征集、收藏自然与人文标本实物，进行科学研究，举办陈列展览，开展多种文化娱乐活动，传播科学知识，弘扬民族文化，加强各民族人民热爱祖国、热爱共产党、热爱社会主义西藏为基本内容的爱国主义教育，提高全民族科学知识水平，增强全民族文化素质，建设社会主义现代化西藏，如此方能实现江泽民总书记在全国宣传工作会议上所要求的那样："以科学的理论武装人，以正确的舆论引导人，以高尚的精神塑造人，以优秀的作品鼓舞人，不断培养和造就一代又一代有理想、有道德、有文化、有纪律的社会主义新人……"我以为，这是建立区馆的根本指导思想，也是历史赋予该馆的使命。

（二）陈列结构与框架

区馆拟建立"自然科技""社会历史""民族民俗"三个基本陈列，"中华民族成员""藏传佛教文化"两个专题。在三个基本陈列、两个专题框架下，按照尊重历史、立足当下、突出重点、照顾一般的原则，各自设立若干主题内容陈列，大体可拟20个主题内容。

自然科技陈列馆

高原地质、地貌构造与特征。

高原生态、物种结构与分布。

高原生态资源开发与利用。

高原古代科技与现代科学成果。

社会历史陈列馆

远古文化：旧石器、中石器、新石器文化遗存、分布，考古成果，藏族先民主体地位。

古代社会：高原上的诸部落，吐蕃统一高原，藏民族形成及其伟大创造，奴隶制、封建领主制的历史轨迹、特征。

近代西藏："政教合一"封建领主制的衰败，帝国主义入侵，西藏各民族人民反抗斗争及维护国家统一、领土完整所做历史性贡献。

现代西藏：和平解放、民主改革、民族区域自治、社会主义的辉煌未来。

民族民俗陈列馆

藏族：西藏自治区的主体民族。占全区人口比例、分布，形成与发展，生产与生活方式，民族语言与文字，民族风尚与习俗，婚丧嫁娶与家庭，物质与精神文明成果，信仰藏传佛教状况。

珞巴族：族源、人口与分布、语言与文字、生产与生活方式、民族习俗与特征、所处地理位置与自然环境。

门巴族：族源与形成、人口与分布、语言与文字、生产与生活方式、状况、信仰。

回族：来源、人口、分布、语言、文字、居住、生产方式、从业特点、生活习俗、宗教信仰。

汉族：来源、分布、人口结构与从业状况。

中华民族成员专题馆

远古文化源远流长：考古普查与重点发掘证明，长江、黄河两大流域自源头始是人类文明发祥地之一；青藏高原远古文化与中原文化存在着渊源关系，也是当今中华民族文化根底之一。

西藏同中原的亲密关系：吐蕃王朝（公元7—10世纪）与唐朝的亲密关系。

藏民族成为中华民族成员：元代统一（13世纪）中国，西藏成为中国的行政区。

明朝对西藏的管辖（14—17世纪）。

清朝对西藏的施政（17—20世纪）。

民国政府对西藏行使主权（1912—1949年）。

西藏和平解放（1951年）。

藏传佛教文化专题馆

藏传佛教是藏族千百年来，对内发展生产、积淀文化，与外大力扩展、频繁交往，不断从中原内地和周边民族吸收、借鉴、引入文化成果，在本土原始宗教基础上，经过探索、改革、创立逐步产生和形成的。藏传佛教的形成和发展的历史过程，正是西藏社会由发达的奴隶制经过崩溃到封建领主制产生、发展和衰败的历史过程。作为西藏社会意识形态，藏传佛教不仅反映了奴隶制、封建农奴制的存在，还为它们提供精神支柱，这可能是西藏封建领主制能够长期存在的历史根源之一。

站在历史唯物论的立场上观察、分析与审视藏传佛教对其社会所居地位、影响和作用，做一历史的具体的科学判定。要在“取其精华，去其糟粕”工作中，加大削减力度，缩小负面能量，认真贯彻执行党和国家的宗教政策。各民族相互尊重历史和文化，这是民族平等的生动写照，但不是向后看，而是为了中华各民族光荣历史与优秀文化的延伸和发展，以珍惜来之不易的今天，创造更加美好的未来。西藏各民族既有传承、积淀自身历史精华的智慧，又有学习、借鉴其他民族先进文化成果的能力，在实现社会主义现代化进程中，创造和重建藏族新文化，这是认识和弘扬包括藏传佛教合理内核在内的藏族优秀传统文化的出发点和终极点。

藏传佛教的内涵与外延，是极复杂的文化百科书。它涉及西藏古往今来的各个领域，渗透社会生活各个层面，影响汉、蒙古、满等民族的来往与交流，以及与国外周边民族的往来与相处。这里仅从博物馆学的角度对其陈列勾勒出如下主题内容：

序：主要教派与代表寺院、从业人数、寺院分布示意图、社会经济来源与方式。

原始宗教——本教。

藏传佛教成因与发展。

藏传佛教基本内涵与外延。

藏传佛教教派及其异同。

藏传佛教教规与仪轨。

一座格鲁派寺院解剖：反映寺院内部组织系统、人员构成、职能结构、经济来源、行政管理、制度章程、佛事活动。

（三）职能与功能

西藏是我国独具特色的一个自然标本、社会文明大省，一个全民信教，一个自然与社会神秘而诱惑人的地区，在明确区馆性质、宗旨和任务的同时，必然要科学地确定与之相适应的职能与功能。笔者总的认为，区馆应当是西藏地区自然标本、人文实物（含少量的重要文献）收藏中心、人文实物研究中心、科普活动中心、社会教育中心、文物展览与交流中心、雪域旅游窗口。这样的“五个中心、一个窗口”即是收藏、研究、展示、传播、教育为主体功能的，辅以满足社会各种群体“鉴赏、咨询、学习、游览、消遣、娱乐、饮食、休息、锻炼、联络通讯、住宿等需求”多种类、多方位、多层次的多元服务体系，以此实现如下五个方面的职能。

代表国家搜集和保存反映自然与人类发展的实物证据，反映西藏地区自然资源状况、科技发展情况，展示西藏社会历史进程及物质、精神文明成果，对外提供科研资料。

代表国家将保存在社会团体如区文管会、展览馆、档案馆以及高等院校、学术团体的实物标本资料编程并纲、统一管理、双向开放，充分发挥藏品的社会效益，提高地区相关科学研究的整体水平以及各级各类学校的教学质量。

承担青藏高原自然与人文资源的西藏和西南乃至全国信息库的重任；建立全国省级一流水平的馆内科研与陈列、宣传与教育，馆外需求的多方位、多领域、多学科研究的标本和实物库。

承担区内乃至区外各级各类学校学生校外学习的第二课堂、成人终身教育阵地的职责。在基础设施中应当充分考虑各种辅助教育设施，借以巩固和补充学生在课堂所学知识，跟踪最新科学文化成果，扩大知识领域，为培养高尚情操和跨世界人才创造良好社会环境。

承担区对外进行文化交流、友好往来与合作的主渠道作用。为此，拟在区馆之下成立西藏自治区文物展出公司，以民间形式向国内外推出陈列展览，进行藏品交换、学术交流、人员培训、接待来访、组织游览以及合作出版等项目。

区馆本着“三性二为”原则，以“五个中心，一个窗口”的功能，执行“五种职能”，我以为该馆就是一个名副其实的文化事业单位、企业化管理的经济实体。

（四）规模与水平

区馆规模与水平的确定，需有三个前提

时代特征：现代是20世纪向21世纪跨入的时代。我国台湾一位学者说：“21世纪是智慧至上的时代”，这个世纪，“在人类历史上，再也没有比此时更重视知识的价值的了”。博物馆是人类的智慧结晶与知识殿堂，它应实际体现即将来临的新世纪本质特征，把握时代精神，何况区馆是在新旧世纪之交的年代建树的“跨世纪知识工程”，就必须赋予其强烈时代气息与前瞻意识，把建馆的眼光放远些，时限放长一些，现代化水平高一些。

功能特征：区馆的性质、宗旨与任务本能地要求建馆为多功能的文化与经济活动的复合体，集自然和社会科学于一身，是反映高原自然风貌、雪域文化历史沿革的奇特景观和开放窗口，是西藏文明形象和现有实力的具体体现，是传播知识和提高全民族素质的阵地。因此，在确定该馆规模与水平时，要敢于同国内发达地区博物馆靠近，敢于向国外先进博物馆借鉴。

区情特征：区馆是全国最后建立的一个省级馆，是西藏较长时期内别无他馆的综合性馆，它实际承担着西藏地区科技、工业、农牧、历史、民族、民俗、美术、宗教等多学科多专业性博物馆任务，更应该反映世界屋脊上的自然与人文特征和特点，即强烈的地区情、民族情、生态情、全民信仰藏传佛教的特殊性、多样性，因此其建筑要建树起民族形式、民族风格、民族友爱、民族审美的高起点、高科技、高质量的民族文化象征，与古老而年轻的雪域文化相匹配，与西藏自治区的地位相称。

建馆规模与水平的具体分项

1. 总体建筑规模与结构

省级大型馆模式。占地40000平方米，建筑面积20000平方米。其中藏品库与陈列厅两项占建筑面积的60%，即12000平方米，其他附设建筑面积为8000平方米。

2. 藏品库与陈列厅面积分配比例

国外博物馆陈列品占总藏品的10%～50%，中国仅为1%～5%，库房比重较大；藏品库与陈列厅的面积比例在1～3∶1.5的范围。1993年建成的中国陕西历史博物馆，总建筑面积为26700平方米，其中藏品库为4753平方米，陈列厅为8000平方米的面积。

3. 藏品库的组成与结构

自然标本、历史文物藏品，包括种类、数量、级别。藏品分类可按性质、职能、用途、来源、时间、质地、民俗等方法进行。区馆拟以质的分类为宜。藏品拟鉴别成一、二、三级和一般四个级划分，依质按级分库储存。据知，现今区馆保存人文文物达10万余件，若以8000平方米面积为藏品库，那么1平方米面积要存放10～25件文物，已经是非常挤了，还不包含自然标本数量。

4. 陈列展览厅面积配比

现代观念，陈列展览厅应包括基本陈列、专题陈列、临时展览厅、学术大厅、交流室、公关室等构成。基本陈列、专题陈列和临时展览当为主要者。这三种厅面积比例，国内外不相雷同。中国陕西历史博物馆陈列空间为8700平方米，其中基本陈列为4000平方米，专题陈列和临时展览分别为2500平方米和2000平方米，它们之间面积之比为2：1.25：1。南京故宫博物院陈列空间为3580平方米，其基本、专题、临时陈列面积的比例为6.8：1.8：1。深圳市博物馆陈列空间是4000平方米，划分为32个陈列展览厅，基本陈列15个，专题陈列7个、商品陈列10个，以“三三制”模式配比。

参照上述三馆的数据，从西藏的实际出发，陈列空间面积比例以2：1：1为宜。目前拟建三大基本陈列（或馆）、两大专题陈列（或馆）和若干临时展览厅为基数，每一基本陈列厅（馆）控制在1000平方米以内，三个基本陈列厅即占3000平方米，每一专题陈列厅为700平方米，两个专题陈列则为1400平方米。尚有3600平方米作为临时展览厅、商品厅、会议厅、报告厅、学术厅等，临时展览厅一般以400平方米为宜。在此，我以为需要强调的是，区馆陈列厅的设计，需高度重视是世界屋脊上的博物馆，不仅要照顾观众一般的生理、心理情况，更要考虑高原缺氧，易于疲劳，体力不支，节奏较慢等因素。

5. 多功能服务体系所需空间

博物馆属社会第三产业，若为适应市场经济需要，博物馆自身要办三产发展自己。博物馆办三产需不断从实践中总结经验，加以规范，目前一般设有销售部、娱乐室、卡拉OK厅、通讯站、留影景观、游览场景、广告制作、影视厅、办公写字楼、住宿客房、民族风味餐饮、租赁会议室、出租场地、租赁工具，来料加工（主要是展示设计、制作、组装）、室内外装修、组织劳务、智力输出等。这些设施所占面积和后勤行政、职工宿舍、车库、食堂等需建筑面积2000平方米。

6. 庭院林卡区

由露天展场、儿童娱乐园、绿化地带、林卡设施、人行通道及继建留地构成，共20000平方米，其中以林卡设施和绿化带为主。

（五）形式与风格

博物馆的建筑形式与风格，在其设计伊始一般应把握住以下几点。一是该馆的类型、性质、宗旨与任务，即反映所在地区之自然风貌、人文环境或者地区特色、民族特点；二是该馆所依托地域历史沿革和文化背景；三是所在地之现状、规划与前景；四是建馆之时代精神与民族审美观。依此四点，区馆总体形式和整体风格应是藏族所特有的生机蓬勃，雪域景象的文化大厦、藏族文化艺术殿堂。具体建筑形式，建议如下。莲花瓣为托底、江孜白居寺八角塔为主体，上下五层（地下二层，地上三层），与之相距100米处建筑2000平方米二层藏式楼群，俯视平面似一托盘曼达状。主体建筑一、二层中心厅为轴，向八方辐射，作为基本陈列与专题陈列厅，三层作为临时展览厅、报告厅、写字楼、影视厅等多功能厅，地下一、二层为藏品库。

（六）投资与项目经费

总的估算似应达1.5亿元投资。其中：

1. 工程建筑费

地上三层主体建馆8000平方米，每平方米造价估计5000元，总计4000万元；

地下二层藏品库建筑4000平方米，每平方米造价估计3000元，总1200万元；

后二层藏式建筑楼群2000平方米，每平方米为2000元，计400万元。

2. 征地、拆迁、设计、绿化费1000万元。

3. 设备购置费

陈列厅隔墙、展架、展柜、展具及工作设备与设施；

藏品库化验、保养、修复、消毒、制作、装裱、柜架及工作工具之配套设施；

藏品库、陈列厅现代化安全保障体系、室内通风、照明、湿、温、潮度装置设备；

水、电、冷、暖、风等多种材料及安装；

摄影、摄像、录像、印扩、放大、后期制作、银屏放映配套设备；

藏品、文献、财会、办公用电脑软件装置；

图书、文献、刊物购置；

基本陈列、专题陈列的设计、制作、材料、工具、组装及劳务；

兴办三产、建立多功能服务体系的设备配置；

行政办公设备、客房、职工宿舍的配置；

以上10项需经费6000万元左右。

4. 庭院林卡、绿化、通道、展场设施费1000万元。

5. 不可预见费200万元。

6. 开馆开幕式期间的宣传、新闻、接待、纪念礼品等费用100万元。

（七）资金来源与区分投入

兴建区馆，是西藏人民精神文化生活、精神文明建设中的一件大事，是我国博物馆事业的一件喜事，各方面给予极大的关注与支持是必然的。建馆资金由国家、地方、团体和个人多方面筹措也就责无旁贷，以实现西藏文化教育领域千秋大业之举。比例分摊拟应国家60%、地方财政20%，团体和个人20%、国家承担工程主体建筑费，地方财政解决房地产及拆迁费，团体和个人赞助资金用于现代设备、陈列制作、实物标本征集及制作费。

四、组织领导和后勤建置

兴建区馆，开创西藏博物馆事业，是个复杂的系统工程。对西藏来说，既无经验可取，不能照搬他馆模式，又要建成具有雪域文化特色的博物馆事业格局，一方面要借助他省兄弟馆建馆经验，乃至外国先进办法，另一方面是靠自己边学习、边实践、边创造，不断丰富经验、升华认识，才能出色地完成建馆使命。

急需安排的工作

成立具有决策水平的高层次筹备领导班子，以邓小平同志建设中国特色社会主义理论和党的基本路线为根本指导方针开展筹办工作，下设若干办事机构，立即行动起来。

整体筹建分两大块进行，一是土木工程建设，一是陈列展览内容及形式设计，这两者都要按实施方案，阶段实现、相互适应、同步实施。

组织多学科攻关，全方位上阵，分类把关、重点确保。多学科主要是自然科学、社会科学、建筑科学、管理科学，拟设立包括地质地貌、地形地矿、天文水利、物种、科技、工业、农牧、历史、考古、民族、民俗、宗教、博物馆等专业学科在内的专家顾问组。

建馆后期的建置与组织系统。

1. 人员编制：50位定员。其中专业人员占三分之一，行政后勤、安全保卫、管理人员占三分之一，兴办三产、开展多功能服务体系的业务、经营人员亦占三分之一，实行“三三制”人员结构及运行机制。

2. 机构设置：考古部、保管部、陈列部、经营部、观众部、办公室、党务室、后勤室、园林室、文物展出公司这样的“五部四室一公司”的业务、经营、管理机制。

3. 组织系统：设正副馆长三人。正馆长总揽全盘，一位副馆长负责主管业务，一位副馆长负责经营和后勤保障，馆长实行任命制，副馆长及各部主任实行聘任制。

4. 专业人员职称结构：正高研究馆员2～3名，副高研究馆员7名，中级馆员10名，初级馆员（含助理及管理员）20名。具有专业技术职称人员占全馆人员的五分之四。以这样的人员与专业，象征新建馆的整体质量与水平，在区外甚至国外造成较大知名度与学术地位。专业技术人员实行评聘与合同制。

注解：

①摘自1989年修改的《国际博物馆协会章程》。

②博物馆世界中的相互融合和影响.中国博物馆，1993（1）.

③论博物馆的本质.中国博物馆，1992（2）.

④张德勤同志在全国文物工作会议上的工作报告.中国博物馆，1992（2）.

曾经的记忆与现时的连接

——比照相距50年西藏两大展

（2008年6月）

2007年4月16日，民族文化宫两位主任邀请我参加一个会见，我与之见面当即介绍：这位是西藏自治区展览中心普布卓玛馆长，是来筹办一个重大题材展览的。我当然知其用意。现称“西藏展览中心”原为1965年兴建的“西藏革命展览馆”，而我系该馆第一次筹备会议的记录者。自此，我的职业生涯由文物考古转向展览宣传。由于北京民族文化宫博物馆的西藏筹委会展览馆的需要，1962年笔者为常态性展品征集、文字修改、内容充实、情况反映等工作往返于拉萨、北京。1980年则落身于这个“民族之家”，直至1995年退休。所以2007年4月30日，《西藏今昔》大型主题展的展出我倍感亲切，亦回忆起20世纪60年代初民族文化宫西藏筹委会展览馆开放时非同寻常的场景。

2008年2月24日，由六部委（含西藏自治区人民政府）主办，民族文化宫承办的“西藏民主改革50年大型展览”在隆重纪念西藏民主改革胜利50周年的光荣日子里，呈现在中国和世界人民面前，现实作用与长远影响不言而喻，更会在观者心中留下难忘记忆。

吃水不忘挖井人 感恩老一辈革命家

1960年，西藏正处于边平叛、边改革热火朝天的伟大历史过程中，我作为当年应届毕业生，怀着“祖国的需要就是我的第一志愿”抢先入藏。“一万年太久，只争朝夕”，当即投入西藏地区破天荒的考古调查，文物征集、整理、初选、登记、确定报送全国及自治区重点文物保护单位，参与文献、文物工作机构组建等。1965年被抽调筹办展览。其间，不时进京操作民族文化宫西藏馆的业务。自此，我逐渐被培养成一个雪域文博展览、民族文博陈列专业人员。这也是我与民族文化宫结下不解因缘之一。

吃水不忘挖井人，感恩老一辈革命家深情厚谊与英明决策。民族文化宫是在毛泽东、周恩来的直接参与与亲切关怀下兴建的，为各民族人民及其子孙后代留下了极其珍贵的财富。1956年8月，陈毅副总理受命审核民族文化宫的建设报告。次年8月周恩来总理指示建设经费在700万元之内，指定建在西单旧刑部街一带。同年11月，国务院发出《关于民族文化宫所需展品和图书的通知》。

1959年9月13日深夜，周恩来总理亲审建筑物和“十年来民族工作展览”，并与各民族讲解员亲切交谈。同年10月6日，民族文化宫落成，“十年来民族工作展览”正式开馆，国务院副总理乌兰夫出席剪彩。为什么要兴建民族文化宫，国务院在其《设计图纸和说明》中指出：“为了体现党的民族政策伟大胜利和进一步扩大党的民族政策宣传。”这再明确不过地表明：充分执行好和发挥好民族政策的宣传、展示和弘扬多元民族文化这样两大职能，是民族文化宫工作的生命线和第一要务。

西藏展览吸引人　真实再现历史情

1959年民族文化宫筹办“十年来民族工作展览”的同时，西藏地区发生了地方政府和上层反动集团反革命武装叛乱。西藏人民在中央人民政府的领导下迅速平息叛乱，实行民主改革，埋葬封建农奴制度，农奴翻身当家做主。人们记录下了这一翻天覆地的历史画卷，成为全国“十年来民族工作展览”中西藏馆的主体陈列，至今为人们留下难忘印象的“人皮”“人心”“人头”“人生殖器”以及挖眼、抽筋、刖腿、砍脚、挖眼石埚等刑具实物和图片。参观者的感叹声、质问声、愤怒声乃至控诉声充满整个展厅。有的问：这是真的吗？外宾质疑：为什么会这样的，达赖喇嘛知道吗？面对观众，我只能据实解答：民主改革前，农奴主就是用这些刑具残害农奴以维持他们的黑暗统治。达赖不仅知道这些，在他念某种经时，还要通过他的管家下令：要完整无损的人头，被杀者的血、肉、心、肠、油、右手以及小孩儿皮、寡妇的经血，打死过人的石头……今天，在民族文化宫办的“西藏民主改革50年民族文化宫”大型展览仍旧陈列着这些史实。这就是为什么当时民族文化宫17个展馆中最能吸引人的是西藏馆的缘由之一。西藏地区除了社会畸形与恐怖，具有世界最高的高原、地球之巅的奇特与神秘大自然是缘由之二；党和国家给予制定一系列特殊优惠政策，所产生的人与社会奇迹般的变化，令人流连忘返是其缘由之三。在“文革”前展出的六年间，迎来了483万人次观众，包括百个国家和地区的外宾、侨胞14700人次，15个国家元首和首脑到过此馆。党和国家领导人大部分亲临过，很多观众通过参观留下了心得、感慨、体会，乃至誓言。

变与不变有取舍　历史选择人民定

相距50年的西藏两个展览，国内外观者在提出问题的同时，更留下了感人至深的评语、感言和表态。

普遍称好，赞叹不已：“展览办得好。”“是一部活的教科书。”“真是百闻不如一见。”“去掉怀疑，分清是非。”“展览是令人深深感动的叙述！”

历史真相，铁证在案：“历史不容忽视，牢记各民族历史，更重用历史教育人，教育小学生。”“西藏问题，一直是西方世界的头条新闻，我们现在有了第一手材料可以区别真理与不值钱的宣传。”“它驳斥了帝国主义在外散布的谎言。”“了解了西藏的许多东西。”“这一些一直被我们人民所不了解……关于1959年的叛乱，我们只看到西方报纸的报道，展览使我们了解到所发生的真实情况。”“欺骗宣传，不得人心，西藏问题，我们国内的宣传与这里展出的实际情况完全相反，回国后有责任向国人说明其真相。”“关于西藏，我只能说，任何支持反动的喇嘛集团的人，在看了展览后应为自己感到惭愧。”

封建制度、封建神权统治，它对人民实行最残酷的剥削，这个展览向观众说明了这一点，帝国主义者曾施展阴谋，妄图阻挠西藏和平发展，但他未能得逞。从1959年4月开始，西藏面前展开了一条幸福的道路。新旧西藏两重天。1959年的生产状况为平均亩产91公斤，到2007年平均亩产达364公斤。

牲畜繁殖率（以黑河为例）

1959年，牛：怀胎率、幼畜成活率均为40%~50%。羊：怀胎率、幼畜成活率均为30%~50%。

2007年，牛羊：怀胎率、幼畜成活率均为70%~80%。

人均生产总值

1959年，人均142元。

2007年，人均12109元。

财产状况

1959年前，农奴和奴隶一无所有。

2007年，农民人均收入达到2788元，城镇居民人均达到11131元。

卫生医疗

1951年，近现代医疗卫生机构均为零，孕产妇女死亡率为50%。

2007年，医疗卫生机构1343个，病床床位为7469张，卫生技术人员9095人。

居住状况

1951年前，约90%的人口无住房，拉萨不及2万人，有2000人露宿街头。

2007年，城镇职工人均住房建筑面积达到25.5平方米，农民为64.4平方米。

人口状况

1959年，122.8万人。

2007年，284.15万人，藏族占92%以上。

1951年，人均寿命35.5岁。

2007年，人均寿命67岁。今昔相比，西藏地方的天、地、人的变化太快、太多、太好。

同时，必须指出的是，两个相距50年的展览，亦有未变、不能变、永远变不了的两个历史终结：一是西藏历史极其重要构成或“核心部分”的“西藏是中国领土不可分割的一部分”；二是1959年被埋葬了的西藏地方“政教合一”封建农奴制社会。当然，中央人民政府对包括达赖喇嘛本人在内解决和处理西藏地方事务一贯的特殊政策也不会变，而只会与时俱进地更加充实、丰富和完善。当我翻阅到展览留言上写着：“20世纪60年代到此观展览，我还是小学生，是丹增叔叔作讲解，细说往昔黑暗，世纪风云变幻，雪域丽日蓝天，历史车轮岂能倒转，中华阔步向前”，读到这条留言时，想到我的藏族好兄弟丹增，1964年他返回西藏日喀则后因工作牺牲了，还有叫加宝的于1967年返藏途经通天河车祸坠入桥下遇难。他们都是藏族人民好子弟，作为他的好朋友我是不会忘掉的。是的，“国家统一、民族团结，高于一切”。我们有千万条理由建设西藏、发展西藏，但绝对没有任何理由允许西藏恢复农奴制度，允许西藏分裂独立！

雪域文博事业的创建与发展

——纪念西藏民主改革50周年

（2015年6月）

一、民主改革的伟大胜利，西藏历史新纪元的开始

西藏，1959的民主改革，埋葬了农奴制，建立了民主制，农奴获新生，社会得解放，开始了历史新纪元。

西藏，1959年的民主改革，中国民主革命最为完美的总结，世界“废奴”斗争最为壮观的篇章，人类正义事业的伟大胜利。

西藏，1959年的民主改革，百废待兴，直面现代文明从零启动，“慎重稳进”，最终实现跨越式发展。

西藏，1959年的民主改革，既要彻底废除农奴制，又得同步建立新制度、新秩序。尤其要遵循党中央1961年指示要求的：“集中群众力量，发展生产，繁荣经济，改善人民生活，把农业生产提高到首位，大力发展农业，大力发展粮食……多打粮食，牲畜兴旺。”因而，自1959年至1965年，全区农业连续6年大丰收，1964年较民主改革前的1958年增长45.71%，牲畜总头数增长133990头，百万翻身农牧民真正地尝到了民主改革的甜头。几乎在同一个时段，时称中共西藏工委（以下简称“工委”）以抢救

和保护西藏文物古迹、文献档案为文化工作的首推，也取得了立竿见影的成效。这既是尊重和爱护西藏各民族传统文化，又是执行党和国家民族宗教政策的务实之举，既反映了西藏的特殊性，又赋予文化安全的战略意义。如同一盘棋局，举一颗核心棋子，掷落棋盘，全盘皆活。雪域文博文献事业的创建与发展，是西藏1959年民主改革的一大成果。

二、雪域文博考古、文献事业在民主改革的进行中创建

（一）叛乱集团毁灭西藏传统文化

向来以西藏文化“保护神”自居的十四世达赖喇嘛当权时，面对布达拉宫、大小昭寺、甘丹寺、色拉寺、哲蚌寺、萨迦寺、藏王墓、古格王国建筑等，日益重损、逐渐塌没、文物被盗，文献散失却熟视无睹，无动于衷。尤甚者，他们竟然将最具西藏各民族传统文化经典的小昭寺、药王庙、色拉寺、甘丹寺、哲蚌寺、罗布林卡，特别是把布达拉宫作为叛乱策源地、指挥中心、伏兵堡垒、炮兵阵地，穷凶极恶地对待人民力量。拉萨药王山的药王庙，顾名思义是全藏之医药、药材生产和加工与储藏基地，叛乱分子却在此设立专攻西藏筹委会大楼、西藏军区大院的炮兵阵地，致使原存药品、药材、病例、病源及经脉解剖图，药物、药材挂图遭受严重践踏、损坏，好在人民子弟兵抢救及时，将遗留部分很快转至藏医院，方幸免全毁。由尼泊尔拜木莎公主

设计、文成公主新建的小昭寺，叛乱分子入住1200余人，将寺内一切毁损，文物文献被偷殆尽，甚至将外围建筑拆去其砖木构筑工事。藏传佛教寺院中，规模最大、喇嘛最多、悠远经典最集中且影响力极强的哲蚌寺，成了叛乱头目们的巢穴与中心，因而对该寺的破坏更猛烈。更加不能容忍的是，叛乱集团长期盘踞神圣的布达拉宫，以作为与人民顽抗的最后碉堡。他们将布达拉宫东大经堂作为叛乱指挥部，一切罪恶勾当与阴谋诡计都由此出笼。1960年10月，我们进行整理、清点与恢复原样时，曾目睹叛乱头目作恶的人士，以其极愤怒情绪揭露他们糟蹋布达拉宫的细节。尤其在他们逃跑时，将一大批文物、文献、黄金、白银、珠宝、玉器、瓷器等运走了两大卡车。1959年尚在平叛中，工委邀请国家文物局赴藏考察专家小组，在目睹布达拉宫东大经堂现状后，组长王毅教授严肃地说："从这座东大经堂，就可看出叛乱头目们盘踞的狼狈状况，大经堂已被糟蹋得一塌糊涂了，佛像、法器及幡饰、供器等乱抛乱丢，桌下地上到处都是子弹箱，炮弹筒变成了水箱，子弹夹、子弹皮、破武器遍地皆是，念经用的垫子成了他们的卧具，残食剩物，大小便溺满地都是，经堂本是清净之地，可是在叛匪盘踞下，已是浊气冲天了。"相形之下，中国人民解放军在平息叛乱中，发扬"三大纪律，八项注意"光荣传统，严格执行党和国家的政策法规，十分爱护西藏各民族传统文化，对人民群众利益和文化宝物秋毫无犯，全力保护了西藏文物古迹、文献档案等民族遗产，戳破了叛乱头目们诱引人民子弟兵攻打他们的据点，特别是想使布达拉宫招致摧残的阴谋诡计。西藏广大僧俗人民爱称子弟兵队伍为"菩萨兵"，孰珍爱西藏文化，孰毁灭西藏文化，不是昭然若揭？

（二）拯救与保护文化遗产的得力举措

1959年，国家文物局应工委邀请，组织了以王毅为组长的专家小组赴藏后，马不停蹄不辞辛劳地在拉萨、日喀则、江孜、山南做了三个多月的考察，就文物古迹、文献档案、文件文书保存现状、破损程度、年代质地、历史价值做了初步梳理，为后来工作提供了重要线索和底数。专家小组返回拉萨即刻向西藏领导层通报，回到北京即呈送考察报告，并附建议，其中包括尽快派专业人员进西藏。1960年，西安半坡博物馆、南京博物院两名有实际经验的人员到西藏，又从西北大学考古专业吸纳一名应届毕业生（即笔者），同时在拉萨抽调两名藏族、一名汉族干部，在筹委会文教处建立了文物组，办公室设在罗布林卡。邀请北京专家赴西藏考察和建立文物文献专业机构，这些都是平息叛乱，民主改革抢救与保护传统文化遗产的得力举措。

（三）"集中起来，保管好"方针，指导文博文献事业的创建

西藏工委于1960年制定"集中起来，保管好"的文物工作方针。依此，紧密配合平叛改革，着力做好抢救文物文献，保护古迹建筑。在笔者日志中记有确定地区、寺院和庄园"三重点"工作目标。

拉萨、日喀则（含江孜）、山南为重点地区。因为这些地区文物文献古籍集中，是叛乱窝点地带，破坏失盗严重。重点寺院

和庄园，主要指已叛乱而又是文物文献集中易流失的处所。除山南专人进驻外，主要在拉萨依法全面铺开抢救、集中、登记、入库工作。不到一年时间，即收藏与保管了2万余件珍贵文物和一批文献资料。在北京故宫博物院等的协助下，于1961年在罗布林卡办了“西藏是中国领土不可分割的一部分”内部文物陈列，这是我国第一次举办西藏地区历史文物和与祖国内地相关的历史文物陈列。党政军机关和部分上层爱国人士观看后，甚为震惊，反映强烈，要求尽快充实与不断扩大开放。紧接着还办了反映叛乱集团罪行的“血的控诉”展览。一个没有历史文化遗产保护、管理和研究、展示机构的西藏，在民主改革百废待兴年代里，破天荒地创建了专职功能机关，这是具有重要意义的开创，也为后来雪域文博、文献事业的长足发展，奠定了良好的基础。

三、雪域文博考古、文献事业三个发展阶段的历程

（一）贯彻执行“集中起来，保管好”方针，开展以抢救与保护为首要任务的创建阶段

在20世纪60年代初至中期。本着“集中起来，保管好”的七字方针，在民主改革热火朝天的日子里，我们以抢救与保护为要务，边抢救、边集中、边保护、边建制有序工作。

平叛与改革异常快速，我们每天都有行动。10天左右将叛乱点的文物文献和他们叛乱恶果集中运往罗布林卡。未叛乱三大领主正当宗教活动的经典、器物及历史资料，如获同意则帮助清点

不予征集；未叛乱或已叛乱但文物未动而影响不大的场所，则建议成立相关组织或派专人负责管理。

重点地区、部位实行重点实施，打好收藏与保管基础。拉萨、日喀则、山南三地区，集中了西藏历史文化经典及丰富的艺术、人文资料，除山南外，日喀则、江孜指定专人联系，拉萨则集中人力和时间或进点工作，或往返三大寺及其他寺院、庄园或住寺操作，工作到位。

拉萨地区工作基本告一段落后，适时派人到日喀则、江孜、帕里、亚东开展为期三个月的调查、摸底、征集，或就地保护工作。在江孜，时任军分区司令员、江孜分工委书记阴法堂同志给予了很多宝贵指示意见。我们对江孜宗山抗英遗址、西藏唯一女活佛桑顶·多吉帕姆驻锡寺桑顶寺以及下亚东寺等，就抢救维修提出建议，并征集抗英文物20余件。在亚东海关追回珍贵唐卡、绘画、佛像、经幡、瓷器等50余件。

1965年，对布达拉宫又进一步采取较彻底清点、识别、鉴定各类文物、文件和文献资料措施，特地从北京故宫博物院、中国历史博物馆和北京市古建单位请四位专家做指导，他们在布达拉宫内住了一个多月，深入细致地考察、鉴别、整理所藏珍品，特别是历代中央馈赠，如敕诰、玉玺、印章、金册、玉册、瓷器等，笔者很荣幸地跟随他们学习与工作了一段时间，遗憾的是后来因筹建展览馆被调离。

1960年年底建立文物组，1961年，在西藏工委领导下正式成立了西藏文物管理委员会（简称“文管会”），第一任主任即筹委会文教处长江洛金兼任，江洛金是德高望重的上层爱国人士，为抢救和保护文物古籍做出了贡献。文管会集文物考古、文献档案为一体，设办公室、档案室、翻译室、文物组，地点设在布达拉宫下原藏文档案仓库，正式编制20人。从陕西咸阳原西藏公学吸收9名应届毕业生做藏文翻译。文物组增加8人，同时还安排了一批上层人士，或为译员，或为顾问，或为办公室领导，其中有十四世达赖喇嘛经师索康·旺清格勒（叛乱主谋之一）的秘书洛桑，昌都起义军第九代本洛桑赤臣，以藏族为主体的30人文物古籍业务团队，很快打开工作局面，集中与保管的实物与文献由2万件增至5万余件。

为配合农田水利建设，有序地进行考古调查和试掘。1961年2月，在拉萨澎波农场发掘清理了八座洞穴墓，1964年在《考古》上刊登了清理简报。1964年5月，由筹委会外事处组织，时任全国政协常委、筹委会副主任帕巴拉·格列朗杰亲自指导并主持，笔者与另一位老同志发掘了拉萨东南部聂塘阿底峡灵塔，取出部分骨灰，当即封灵塔，中央新影驻拉萨记者站拍摄了纪录片，经自治区送外交部赠予巴基斯坦政府。此一开光灵塔发掘，受到了各方的好评。阿底峡高僧在西藏宗教佛学界是家喻户晓的。用现在语言讲，他是一位资深的古印度佛学家，一生著作（含译著）百余部，培训印度、巴基斯坦和我国藏族弟子达千余人。1042年应当时古格国王智光邀请先至阿里地区讲经说法，随后至前藏的拉萨、彭波、桑耶等名寺弘法，在藏12年，对藏传佛教、中印、中巴文化交流都有贡献并受到尊敬，高僧于1054年在聂塘故去。为纪念这位中巴古代文化交往使者，应巴基斯坦政府之请在阿底峡逝世910年之际，将其部分灵骨灰返归故里以示追思。

根据国家文物局的有关通知，筹委会向国务院申报了第一批全国重点文物保护单位9处，第一批自治区重点文物保护单位11处，1961年3月国务院及筹委会分别批准实施。上述各项任务较好地完成，既反映了民主改革中文物工作状况，又为后来雪域文博事业全面创建开阔了视野。

（二）贯彻执行“加强保护，积极利用”方针，着力实践，办好展览阶段

20世纪60年代中期至80年代初，西藏自治区党委和自治区人民政府为文物考古、文献档案工作进一步制定了“加强保护，积极利用”八字方针。在将近15年时间里，循此开展了大量的业务实践、服务社会工作，最为突出的有两项。

一是与北京故宫博物院、北京民族文化宫建立密切关系。根据西藏提供的贵重文物与故宫博物院院藏独有西藏文物、文献，故宫无偿地为西藏复制30余件精品，极大地充实与丰富了文物藏品，为研究、陈列与展示西藏历史文化显示了原有而真实的记忆，在民族文化宫设有西藏馆，党和国家的民族方针政策以及反映西藏地方执行成就，就是该馆的常态性并不断修改的展览。随着西藏社会前进的步伐，充分利用这个阵地，向国内外介绍西藏今昔，揭示封建农奴制度，展现西藏悠久的历史与灿烂文化，展示藏族从来就是中华民族的光荣成员，西藏自古以来就是中国不可分割的一部分，这些都收到很好的宣传与解读效果。

二是，西藏革命展览馆（以下简称展览馆）的兴建与开放。

应该认为，展览馆的兴建并向社会开放，是对雪域文博、文献事业前期工作最好的总结，是后续全面创建与发展最好的开端。1965年2月底，工委副书记王其梅（时称“四号首长”）指示召开筹备展览会议。笔者被指定做会议记录。会上宣布西藏工委宣传部张部长为展览馆筹备领导小组组长，下设办公室、八个专题馆，全区有1000余人参与这项宏大的工程。在大半年时间中，一方面选址，构筑场馆；另一方面，对西藏1300年有记载的历史与文化、农奴制史与现状、藏汉民族关系、西藏地方同祖国关系史、和平解放、平息叛乱、民主改革以及社会经济文化，展开了全面、规模空前的群众性社会调查、征集展品、文献资料工作。这实际上是一次关于西藏社会历史发展、高原生态、人文资源、民族习俗、宗教信仰等方面的深度调研，获得了大量历史与现时的社会统计与资料，不仅满足了展览馆展出的需要，而且存储了重要的信息材料。展览馆在自治区成立日子里，是拉萨庆祝活动最为亮丽的一道历史与现代相结合的风景线，亦成为后来人们接受教育、陶冶情操、获得信息、旅游流连的人文景观。一个让外部世界了解西藏、认识西藏的窗口。关于“西藏革命展览馆”的牌名，中央有关领导几次热议与推敲，最后还是周总理提请朱德委员长亲笔题写的。依据工委的指示，在筹办展览的后期，在全区范围内邀请和组织了苦最大、仇最深的50名翻身农牧民到拉萨参加自治区成立活动，同时现身说法，揭露与控诉农奴制统治的罪恶。此举，在区内外产生强烈社会反响，开启了勿忘过去的警示。1975年，西藏自治区成立10周年，我们将展出的八大馆减压为四个部分。申报的大型雕塑《农奴愤》设计方案获准。以中央美术学院为主，吸收了沈阳鲁迅美术学院等院校的共15位专家教授到藏，特聘著名爱国上层人士（后加入中国共产党的）雪康·土登尼玛为顾问，通过一年半的艰苦创作，将大型雕塑艺术品奉献给自治区成立10周年庆典，收到了“一鸣惊人”的社会效果，不少观者将它与四川大邑《收租院》媲美，甚至认为超过了《收租院》的水平，给人们留下了极其深刻的印象与记忆。除了艺术作品，培养的人才如藏族郭林新、回族阿里，已成为西藏现代雕塑顶尖人才。

（三）贯彻落实科学发展观，全面创建、长足发展阶段

时间段为20世纪80年代初至今天。党的十一届三中全会以后，中央自1984年起，前后召开了四次西藏工作座谈会，西藏迎来了文化建设的春天，西藏的文物考古博物馆事业进入黄金时期。全面创建、长足发展是近25年来文博考古事业的显著特征。

第一，开展了全区大规模的文物考古普查，在中央召开第一次西藏工作座谈会的同年，自治区即实施了第一次文物考古普查，如此大规模普查又接着进行了两次。

第二，对重点文物保护单位或进行综合考察或探测试掘，或规模发掘。如从20世纪80年代中期至90年代初，先后对山南琼结县藏王墓碑进行清理试掘，对古格王国遗址作综合考察，对拉萨曲贡石器文化遗址正式进行考古发掘，对墨竹工卡吐蕃古墓进行初探，对黑河地区“门”古代墓葬进行初探，对黑河尼玛县的聂桑、加林山岩壁画的发现，对藏西北部藏传佛教遗址及象雄古文化遗址的发现等。

第三，加大收藏力度，妥善保护管理。除原始文化遗址外，有历史记录的文物集中和收藏了几十万件标本器物，主要为唐卡、绘画佛像、经书、瓷器、证书、封印、纸币、金、银、铜、玉器以及宗教文物。藏品中极其珍贵文物是历代中央赠予的金、银、玉玺印，敕诰，金，玉册，瓷器等，年代上至唐宋（相对应为吐蕃、古格王国时期），中经元明（萨迦、及东王朝时期），下至清代民国（噶举王朝、噶厦地方政府时期）。当然，新中国成立后，党和国家对西藏的关怀所表现出的尊重上层、惠及百姓物质利益和精神生活，皆是历历在目的。

1993年年底，民族文化宫本着尊重历史、立足现实、实事求是、顾全大局精神，将建国10周年时依法在西藏征集的文物与文献，经区文物局与民族文化宫多次协商并经批准，返归文物85件，图书资料5589包（一包为一单行读物），梵文贝叶经296件。此举，再一次体现了党和国家对西藏各民族文化的高度重视与关怀。笔者为此写有《完璧归赵、文物返藏》一篇感言，聊以慰藉。

第四，成立区文物局与兴建博物馆是文博事业的新的里程碑。1992年9月，区党委和自治区政府正式批准西藏自治区文物事业管理局建制，西藏博物馆领导小组成立。这两个事关雪域文博事业发展与前途的机构的建立，意味着自治区文物工作的一个新里程碑。1994年初，笔者收到了该领导小组关于《建立西藏博物馆论证基础报告》（征求意见稿），依此，形成了《关于建立西藏自治区博物馆我之建议》文稿，反馈了仅供参考的六个方面的书面材料。就一个地区、一个民族而言，有无博物馆设施，这是文化是否发展与繁荣的重要反映，亦是现代文明程度的坐标之一，因为博物馆实际上是所在民族及地区的“大百科全书”。人们常说，盛世出“大百科全书”，也出博物馆，西藏自治区博物馆于1995年自治区成立30周年庆典之际应运而生，就是历史盛典之必然！

第五，制定文物工作法则，文博事业法规操作，文化遗产法律保障。《中华人民共和国宪法》《中华人民共和国民族区域自治法》《中华人民共和国文物保护法》是中国国土上保障文博事业安全、发展与服务的根本大法或根本法。依此，结合西藏地区地位的实际和特殊性，在回眸与总结30年文物工作基础上，于1990年5月正式实施了《西藏自治区文物保护管理条例》以及陆续公布实施的《寺庙文物管理暂行条例》《文物单位消防安全管理办法》《流散文物管理执行规定》《布达拉宫保护管理办法》等法规、条例、规定250多件，自治区文物考古博物馆法律保障体系已基本形成。这不仅在发展自治区文化事业，保护和研究民族文化遗产、发展和繁荣民族文化方面具有不可替代的作用，而且也标志着与全国文博工作基本上已在同一发展平台上。

第六，民族文物事业从无到有、由大到强，展示出丰厚的历史文化遗产。

1. 文物考古成就可圈可点，收获喜人。发现古生物化石点3处，旧石器及打制石器点共44处，新石器遗址多处。具有重大价值的旧石器（包括细石器时代文化遗存有那曲、定日、申扎），获得器物400余件，三处文化遗存年代，大约在公元前5万年至公元前1万年。新石器时代文化遗址典型代表有三处，即林芝、曲贡、卡若文化。这三处文化遗址的年代，大约在公元前8000年至公元前4000年。1977年发现的卡若文化，于1978至1979年进行了大规模发掘，收获喜人。

2. 历史古迹延续未断，文明时代皆有见证。西藏社会进入有文字记载以来的1300余年，各个历史阶段的文物皆有遗存，通过普查勘察发现岩画35处，古墓247座，城堡与王宫建筑5处，古宗与庄园8处，古建与寺院1114座，窑洞与古塔82处，古碉与桥梁12处，古战场防御工事3处，金石匾额、墓碑、碑铭27处。

上述两点累计，“截至2006年底，西藏已登记在册的各类文物保护点2330余处，各级文物保护单位329处。其中，国家级重点文物保护单位35处，自治区级112处，市（县）级182处。全区现有馆藏文物数十万件，其中国家级文物1万余件。（摘自《人民日报》2008年9月26日刊《西藏文化的保护与发展》）

3. 投巨资修缮古建，下大力呵护遗产。经国务院及自治区人民政府批准、登记在册各类各级保护单位，由于长期自然力与人为伤损与糟蹋，而又长久失修与欠保养，特别是在十四世达赖喇嘛团伙挑起事端长年破坏，发动叛乱，将全区2600余寺庙的55.5%，即1468座寺庙卷入叛乱，打、砸、抢、烧、盗的行为到了无以复加的地步，如甘丹寺、小昭寺。为此，50年来，党、国家和人民付出了极大的代价予以抢救维修。正如日前国务院新闻办公室发表的《西藏民主改革50年》白皮书所告知世人的，20世纪80年代以来，中央和西藏地方财政先后斥资7亿美元，用于修复开放一批国家级文物保护单位和各教派重点寺庙。1988年到1994年，国家拨出5500万元和大量黄金、白银等珍贵物资对布达拉宫进行了一次维修。2001年起，又拨专款3.3亿元，用于维修布达拉宫、罗布林卡、萨迦寺三大文物古迹。2007年，中央政府再次拨出5.7亿元，用于“十一五”时期（2006—2010年）对西藏22处重点文物保护单位进行全面维修保护。这在中国文物保护史上是空前的。

4. 弘扬民族传统，参与文化交流。在收藏、保护和研究基础上，利用已有资源，举办了大量的陈列与展览。在拉萨先后建立“西藏革命展览馆”“西藏自治区博物馆”，全面、综合、系统陈列布展外，据笔者亲历获得的信息，所办历史和文化专题展览不下15展次。在民族文化宫西藏馆举办民族方针政策与工作成就展览，“西藏历史文物展览”“西藏唐卡展览”“西藏与祖国内地关系史文物展览”“西藏文化展览”“西藏历史概况陈列”“西藏万里行摄影展”“格莎尔唐卡绘画艺术展览”“西藏今昔展览”以及2015年3月举办的“西藏民主改革50周年大型展览”等十余个题材好、质量高、分量重、影响深的展览陈列。出国办展已属常态，赴亚洲、美洲、澳洲、欧洲等相关国家都办过展览，将一个真实的西藏介绍给国际社会，既弘扬了民族传统文化，又进行了世界民族文化交流。

5. 积极利用铸成就，深入研究出硕果。自治区内外关心雪域文物考古、文献档案工作的人士，在为西藏文物事业辛勤耕耘，用心创建与推进发展中，时刻将其整理与研究作为重要案头工作，因而从实践到理论的成果也很可观。截至2005年年底，已出版发行了科研编著16种，画册6集，如《中国文物地图集·西藏分册》《西藏自治区文物志》《西藏地方文物志》《拉萨文物志》等。这里第一大功应属于西北大学文博学院，因他们在1975年即编辑了《西藏地区文物参考资料》。据笔者对《西藏研究》创刊至2005年底粗略统计，刊载事关文物考古、文献档案的文章计99篇。1980年，笔者离开西藏到北京，可是“痴心不改”的雪域文博思念情，依然牵动着某些神经，在情有所思的状况下，1985年至1995年底，先后撰写《西藏博物馆事业之探讨》《弘扬民族文化推进社会进步》《西藏考古与原始文化东向开放》三篇拙文在《西藏研究》《西藏日报》、西北大学《考古文物研究》发表。

四、雪域文博考古事业的现代价值意义简述

50年前的西藏民主改革，以百万农奴埋葬野蛮、战胜邪恶、走向光明而取胜，书写了人类正义事业光辉的一页，迎来了西藏历史的新天地。我们还能引以为豪的是，前所未有的雪域文博事业，仅用半个世纪时间，基本跟上了世界同业的步伐，亦应视为西藏各民族文化与现代文明发展的又一奇迹。摆在世人面前的事实是：世界屋脊发现了5万余年前人类的石器时代文化遗存，在世界顶级高原大规模地发掘了人类新石器时代文化遗址，对封建农奴制社会全方位、深层次、大规模的调查、采集和研究并给予深刻揭示，这些都具有第一次的意义。雪域高原无现代文物考古领域，国内省级唯一无博物馆机构设施、西藏社会史、西藏地方与祖国内地关系史若干空白，得到了填补，这些应该视为具有拓荒与开创意义。

更具重要意义的是：证明了青藏高原是人类文明发源地之一；青藏高原是中华民族先民活动地区之一；藏族先民孕育地，社会历史一脉相承，轨迹清晰；藏族从来就是中华民族光荣成员，西藏地方向来为中华古今地理单元之一大板块，中国版图不可分割的整体；藏族及其先民万千年来，创造了独特与充满魅力的雪域历史文化，也为祖国悠久的中华文化做出了自己的贡献。

西藏革命展览馆的历史贡献不可没

（2016年2月）

“西藏是我国一个政治、经济、文化和自然条件有很大特点的民族自治区。它在维护统一，保卫祖国西南边疆，实现我国政治上的安定团结，进行社会主义建设中，具有重要地位。世界人民在关注着它，国内其他地区兄弟民族在关心它。我区广大干部群众更需要全面认识它。”如此语重心长肺腑之言，发自一位“老八路”“老西藏”“老军人”的心声。他就是传奇人物阴法唐同志，为《西藏自治区概况》一书所撰之序言中有一段浓墨经典，言简意深，情怀脉脉。笔者1962年赴西藏江孜、亚东调查、摸底、征集一批珍贵文物，即是在阴老指导下完成的。时下阴老任江孜分工委书记、军分区政委。他不愧为伟大中国人民解放军中一位英雄指战员，他两度进藏两任西藏自治区党委书记，令人十分敬仰，故而以他一段精辟笔语作为本文前言。

一、兴建西藏革命展览馆的人文环境与历史背景

自古以来，西藏作为中国的一个行政区域，有其特殊性与关注点。历史上，历代中央王朝、近现代中央政府，皆十分重视西

藏的特殊性与重要性。中国共产党成立伊始，将实现中国各民族平等团结进步事业写在奋斗纲领上并努力践行。新中国初建，即组织进军西藏、保卫边疆、心系农奴、革旧布新的伟大征程，使西藏社会发展阶段，由黑暗到光明，由野蛮到文明，由落后到进步，实现了跨越式历史变迁。

1950年新年伊始，毛泽东主席即发出“进军西藏，宜早不宜迟”的命令。并要求：“进藏部队，必须认真执行党的民族政策、宗教政策和做好统一战线工作。”一场复杂、尖锐、艰苦而又伟大、光辉、壮阔的“进军西藏、巩固国防、维护统一、增强团结”的历史征程开局了！

1950年10月，昌都战役展开了进藏部队“不进寺庙、不进民宅、不动群众”的“三不”践行，形成了西藏各民族心目中“新汉人”“菩萨兵”“子弟兵”美丽形象。藏族人民与之融合，一举解放昌都。东方的太阳，由这里升起。自此，西藏逐渐由黑暗走向光明！

1951年5月23日，西藏地方政府全权首席代表阿沛·阿旺晋美与中央政府全权首席代表张经武，在《中央人民政府和西藏地方政府关于和平解放西藏办法的协议》（简称《十七条协议》）签字。北京升起的曙光开始普照青藏高原！

1951年10月26日，拉萨解放，日喀则、那曲、山南、江孜、阿里地区相继解放。五星红旗高高飘扬，永远飘扬在“世界屋脊”祖国边疆，夏日的阳光将融化西藏寒冬冰天！

1952年1月2日，中国共产党西藏工作委员会（简称“西藏工委”），中国人民解放军西藏军区在拉萨成立。有了党的坚强有力的领导，有了身经百战、坚不可摧的人民子弟兵威武保障，西藏的新生何愁甚远呢！

1956年5月1日，西藏自治区筹委会成立，一个带有政权性质的协商机制产生。这是党领导人民取得的西藏革命的一个重大胜利，西藏社会的一大进步。西藏封建农奴制的灭亡与农奴的解放不是指日可待吗？

1959年3月，达赖为首的上层集团发动反革命武装叛乱。在中央人民政府总理周恩来命令指引下，百万农奴在人民子弟兵强有力的支持下，愤起燃烧熊熊烈火，将农奴制化为灰烬，彻底地埋葬。翻身农奴作为西藏的主人迎接了新生，有了土地、牛羊和草场，西藏换了人间！

1961年4月，中央指出西藏“必须采取慎重发展的方针”“集中力量发展生产、繁荣经济，改善人民生活，必须贯彻以农业为基础的方针，把农业生产提高到首位，大办农业、大办粮食”“必须在牧区继续实行牧工牧主两利和扶助贫苦牧民的政策”，还决定：“从1961年算起，五年不搞社会主义改造、不搞合作社（连试点都不搞），更不搞人民公社，集中力量把民主改革搞彻底，让劳动人民个体所有制稳定下来，让农奴的个体经济得到发展，让翻了身的群众确实尝到民主改革给他们带来了好处。”（摘自《西藏自治区概况》）依此，西藏工委还制定了“农村二十六条”“牧区三十条”具体政策措施。西藏人民翻身迎着朝霞、勤奋耕作，实现丰衣足食。

1959年到1963年，国家投资5240万元，免息贷款638万元，贷种子粮2784万斤，82700户农牧民直接受益。

1965年，全区粮食产量达到5494余万斤，与平叛前相比，增长了88.6%。全区牲畜1800头（只），同比增长了54.1%。全区公路里程达1500多公里，同比增长一倍多。厂矿企业从没有达到70多个。增加商贸10.8%，建立学校、兴建医院、开创邮电。社会生产力迅速发展，人民生活显著改善，人口数量从1959年的115万到1965年达到137万。

简述了西藏十五载中十大光辉成就，在世人面前已经呈现出西藏政治变革、历史变迁，埋葬旧制、农奴解放，经济发展、民生改善，社会进步、团结兴旺的美好局面。迎来西藏自治区正式成立，亦正是这种历史发展的必然结果，更是西藏人民的期盼。当然，兴建西藏革命展览馆作为西藏历史发展丰功伟绩的载体亦势在必行。美好的人文环境，灿烂的历史背景，催生了西藏革命展览馆！

二、兴建西藏革命展览馆的组织领导与工作进程

党中央国务院决定于1965年9月正式成立西藏自治区，兴建西藏革命展览馆当即被列进其筹备工作重要项目。

1965年1月8日，西藏工委宣传部方部长、金副部长同西藏筹委会文教处副处长罗石生，在罗布林卡举行会议，并邀请拉萨市分工委有关同志参加，拟就在罗布林卡做一个展览馆的问题进行讨论与研究。笔者与会做记录，会上最后基本确定布置西藏历史、农奴制度、民主改革三大陈列室，分别置于十三世达赖金色颇章大经堂，十四世达赖新宫。会议责成筹委会文教处从速拿出

总体设想方案与实施计划。

1965年2月28日，西藏工委副书记王其梅召开筹办展览馆第一次会议。工委副秘书长、筹委会秘书长陈竟波主持会议，党政20余高官参加了会议。笔者被指定做会议记录。会上确定，工委宣传部部长张再旺为展览馆筹备领导小组组长，自治区有关部委负责人为领导小组成员，办公室由筹委会文教处承担。自此，笔者亦离开文物考古行业，从业于文博展览、民族文化展览宣传工作。半年时间，一方面选址、场馆建设、美化环境，另一方面，就建馆的指导方针与宗旨、展示内涵与外延、陈列规模与形式、组织开放与手段等工作认真探讨、调查研究、统一思想、系统规划。经最后论证，确定为"一厅八室"（即中央大厅、八个陈列室）。领导小组指出：展览馆的陈列展览政策性强、专业性高，体制一律高标准办，经费自理、分工整合。

1965年5月28日，西藏工委张经武书记，张国华、周仁山副书记，就西藏展览馆筹备工作，召集会议做出重要指示：

（一）展览馆必须以毛泽东思想挂帅，以中央的政策挂帅，以政治挂帅，以革命和建设为主，要重今博古，重点是新中国成立后15年来阶级斗争和生产建设方面的成就、典型人物和模范事迹。

（二）反映西藏的革命和建设，必须突出党的领导和政策，突出人民是历史的创造者，突出解放军，解放军是西藏革命和建设的主力军。

（三）统一布局，按历史发展阶段设展，但各个阶段要突出问题的重心。

（四）部队进军平叛等材料，放在几个历史阶段中去，宜将部队建设，设一解放军展室。

（五）不专设达赖罪行展，他们是革命的对象，他们的罪行可放在各个革命斗争阶段中进行揭露。为教育青年群众，可适当集中些。

（六）以对比的方法展览，15年的光辉成就，与西藏旧制度历史做对比，使人看出过去的黑暗，今天的光明。

（七）馆名待议。分工负责单位是西藏筹委会办公厅负责西藏筹委会成立、平息叛乱、民主改革三个陈列室，筹委会各职能部门负责创办工业、农业、交通、商业、邮电等经济部门。筹委会文教处除负责整个筹备办公室工作外，还承担中央大厅，西藏历史、文卫、体育陈列内容。西藏军区负责承办进军西藏、解放西藏、进藏部队布展任务。拉萨市分工委、市政府组织整理研究资料，陈列展示揭露封建农奴制、农奴斗争等内容。总之，仅拉萨地区展，就不下20个参办单位，加上部分专区、县、农林场，有1000余人，在半年时间聚焦展览馆筹建，这在西藏历史上是破天荒的。在党的领导下，机关分工合作，社会人士参与，任务落实到人。在时间紧、任务重、要求高、无经验的情况下，出色地完成了场馆建设、调查研究、征集展品、科学选品、室内陈列、培训讲解、迎接开放各项任务。

正当建馆热潮之时，筹展领导小组提出馆称命名之事。大家十分热心拟名提案，五花八门、莫衷一是。领导小组专此呈报工委。工委向中央请示，据传达人称：中央很重视此一命名，多位有关领导同志几次兴趣推敲，最后还是敬爱的周总理提请德高望重的朱德委员长题写了“西藏革命展览馆”七字金匾。当高挂于馆正门上方时，人们无不拍手叫好！

建馆各项工作全面铺开时，中共西藏工委指示，于筹展后期，要求全区范围内，邀请和组织苦最大、仇最深、人最贫的50位翻身农奴到拉萨参加自治区成立活动，并配合开馆现身说法，揭露和控诉农奴制度的罪恶。这一举措，在自治区成立活动期间，获得了强烈的社会反响。应北京有关方面提议，组织了他们中的五位“苦主”到北京民族文化宫，参与了同一性质的活动，先后到北京大学、清华大学、中央民族学院、北京师范大学及几所中学，给年轻大中学生宣讲了他们自身的过去与现在，受到多方重视与关心，学生们都首次受到“意想不到的真实教育”。当然在宣传西藏方面也收到了很好的效果。为了照顾他们（若照国家有关残疾级别划分规定，他们都在一级残疾范围内），展览馆组织九人小组，从事生活照料、检体治病、记录诉说、安排活动等事宜，受到各方面的好评。西藏革命展览馆亦在广大军民心目中成了受敬重、获知识，认识西藏、热爱祖国抒情的场所与宝地。

三、兴建西藏革命展览馆的结构布局与陈列规模

整体结构布局要点是：方向为引导，方向与时代相呼应；宏观为主线，宏观与微观相结合；现代为主，现代与历史相对照；政治为统帅，政治与经济、文化相辉映；重点为典范，重点与一般相衬托；重大事件为轴心，重点事件与常态相辅相成。如此，

在3500平方米平台上确立了“一厅八室”。

一厅，中央大厅，综合概览。大厅屏风镶嵌着毛泽东的题词“中华人民共和国各民族团结起来”金光闪闪的十四个大字。屏风前耸立着毛泽东雕像。该雕像由北京建筑艺术雕塑工厂制作，用东北红玉定制的。毛泽东神采奕奕，指导着各民族人民永远向前。大厅墙壁悬挂着四幅巨型油画，象征西藏解放15年的四个历史时期；庆祝西藏解放，百万农奴站起来，敢教日月换新天，迈进社会主义。

第一陈列室：西藏——伟大祖国的西南边疆

核心内容：锦绣山河的西藏、勤劳智慧的人民、中华故有的领土、多元文化的历史。基本内涵，西藏自治区位于祖国的西南边疆，高原起伏、山川壮丽、物种丰富、人民勤俭、开发独特。

第二陈列室：被推翻了的封建农奴制度

“政教合一、僧侣联合专政”的封建农奴制，具体内容为：三大领主（即官员、贵族、寺院）占有全部土地、山林、矿产和绝大部分牲畜并农奴和奴隶本身，享有一切特权，过着逍遥无度的生活；农奴和奴隶完全无权利，没有自由、人身被奴役，过着绝对贫困的生活。

陈列单元：一、原西藏地方的反动政治制度

二、残害农奴的魔窟——寺院

三、封建农奴社会制度

四、残酷的经济剥削

第三陈列室：解放西藏，统一祖国大陆

中华人民共和国成立后，中国共产党和中央人民政府深切

关怀西藏人民，于1950年春，毛泽东主席任命中国人民解放军进军西藏，统一祖国大陆，巩固西南边疆。伟大、光荣和艰巨的征程，为开创西藏历史的新篇章，做了历史贡献。

陈列单元：一、向西藏进军

二、坚决执行和平解放西藏办法

三、一面进军、一面生产建设

四、西藏人民生活在祖国大家庭里

五、关心群众生活，努力发展生产

第四陈列室：成立西藏自治区筹备委员会为民主改革创造条件

遵循1953年3月国务院《关于成立西藏自治区筹委会的决定》，1956年3月，西藏自治区筹备委员会在拉萨成立。筹委会是带政权性质的协商机关，受国务院领导，依据国家宪法与和平解放西藏办法的协议，筹备西藏区域自治。这是西藏地方社会历史、民族与现时的特殊性所决定的。达赖上层反动集团耍两面派，围绕执行和平解放西藏办法的协议和所通过的重大决定，与人民为敌，进行反复较量。

陈列单元：一、成立西藏自治区筹备委员会

二、达赖叛国集团勾结帝国主义和印度反动派，发动了反革命武装叛乱

第五陈列室：平息叛乱，实行民主改革

达赖叛国集团内外勾结蓄谋已久，最终发动反革命武装叛乱，激起了西藏人民和全国各民族人民极大愤慨，反对叛乱、实行民主改革成为当下最强音，更得到了党中央、中央人民政府深

切关怀和坚决支持。全国人大《关于西藏问题的决议》命令中国人民解放军执行神圣使命，和百万农奴一道，彻底平息叛乱，立刻进行民主改革，摧毁旧制度，农奴翻身做主人。

本陈列室，两大单元、十八块版面。

第一单元：平息西藏叛乱

一、百万农奴反对叛乱，要求改革

二、平息拉萨地区叛乱

三、红旗卷起农奴戟

四、群众激愤歼残匪

五、为祖国为人民不畏艰辛

六、思想红、作风硬、英勇善战

七、革命精神与世长存

八、军事打击、政治争取、发动群众、肃清残匪

九、实行农民土地所有制

十、把民主革命深入一步

第二单元：实行民主改革

一、组织起来，一切权利归农民

二、反对叛乱

三、反对乌拉差役、反对奴役

四、实行“双减”“两利”政策

五、吐苦水、挖穷贫，清算千年血泪仇

六、划阶级，彻底废除农奴主土地所有制

第六陈列室：展开反复辟斗争，扫清社会主义革命道路上的障碍

被推翻了的农奴主、逃亡国外的达赖叛国集团不甘失败，利用民族、宗教大肆进行颠覆、破坏与倒算活动，危及边防稳定，分裂民族团结，抢夺翻身农奴胜利果实。站起来的百万翻身农奴，在党的领导下，粉碎了他们的复辟阴谋，进一步提高了人民的政治思想、发展经济的觉悟，人民民主专政得到进一步巩固。

本陈列室共七块版面：

一、西藏全区进行普选

二、民族干部健康成长

三、发展党员基层建设

四、藏族工人迅速成长

五、下大力组建共青团

六、解放妇女男女平等

七、高原上的红领巾

第七陈列室：生产建设成就

本陈列室十六个单元、九十三块版面，陈列版面与内容全馆之最。

中央指示西藏工作："必须执行稳定发展方针。以农业为基础，大力发展农业、大办粮食，开展增畜保畜运动，力争畜牧业大丰收，多打粮食、牲畜兴旺，在把农业生产提高到首位的同时，认真贯彻中央要求。以工业为主导，发展国民经济的方针。"由此也带动交通、邮电、商业、金融、财政、文教、体育各项社会事业的产生、建设与发展。

一、农业方面十五块版面

1. 粮食高产区——山南

2. 青稞在帕里高原试种成功

3. 大量生产蔬菜

4. 西藏小江南

5. 高原果树在发展

6. 国营农场在前进

7. 开山辟岭兴建水利

8. 改造土地建高产田

9. 增施肥料

10. 新式农具

11. 选用优良品种

12. 灭鼠灭虫

13. 抗旱防涝保丰收

14. 国家关怀，兄弟省支援

15. 科学研究在农村开花结果

二、牧业方面十二块版面

1. 高原牧业喜庆丰收

2. 西藏牧业基地——那曲

3. 积极培植耕畜，促进农业生产

4. 依靠群众，加强草场建设

5. 民族畜牧兽医，技术力量成长

6. 大力防治牲畜疫病

7. 消灭兽害

8. 战胜风雪灾害

9. 科研人员深入牧区蹲点

10. 土洋药物生产的新成就
11. 选育良种，提高牲畜质量
12. 国营牧场，越办越好
三、林业方面五块版面
1. 森林是个无价宝
2. 高原树林种类多
3. 依靠群众消灭山林火灾
4. 植树造林，美化高原
5. 充分利用森林资源
四、建筑方面三块版面
1. 把高原建设得更美好
2. 建筑战线上的一支藏族施工队
3. 把革命思想和技术传给藏族兄弟
五、工业方面八块版面
1. 西藏电力事业的发展
2. 煤矿工业的开采
3. 机械工业的新生
4. 创办农具厂
5. 皮革工业新貌
6. 民族手工业新生
7. 兴新建筑科技工业
8. 建立木材加工业
六、地质工业方面陈列版面
七、交通事业方面十四块版面

1. 踏遍深山峡谷，选择合理路线

2. 劈开横断山脉，天堑变通途

3. 斩惊涛骇浪，架幸福之桥

4. 万民欢庆幸福路

5. 战胜风雪严冬，“宝桥”畅通无阻

6. 党的关怀，各民族人民的支援

7. 汽车奔驰在“世界屋脊”

8. “宝桥”四通八达

9. 高原公路的好“保姆”——养路工

10. 人听党的话，车听人的话

11. 交通事业的发展，对西藏革命的建设所起的重大作用（一）（二）

12. 客货运输量逐年增长的情况

13. 以革命精神进一步办好交通事业

八、邮电事业方面六块版面

1. 西藏邮电事业从无到有

2. 开办藏文电报，方便藏族同胞

3. 电信事业迅速发展

4. 培养亦工亦乡邮员

5. 邮电报送发行量

6. 领导干部熟习业务参加劳动

九、财经事业方面两块版面

1. 国家对西藏的大力支持

2. 西藏人民负担逐渐减轻

十、金融事业方面三块版面

1. 两个社会、两种货币、两种性质

2. 党和政府发放农牧业贷款的成就

3. 全区信用社发展的情况

十一、商业方面八块版面

1. 贯彻“发展经济，保障供给”财经总方针

2. 饮茶不忘共产党，永远感谢毛主席

3. 积极收购土畜产品，增加群众收入

4. 大力支持农牧业生产

5. 积极组织货源，供应藏族人民生活必需品

6. 自力更生，扶持集体手工业生产

7. 组织领导农牧民交换，活跃城乡经济

8. 巩固、扩大社会主义商业阵地

十二、文化事业方面六块版面

1. 高举毛泽东思想红旗，贯彻党的文艺工作方针

2. 做红色宣传队

3. 全区文艺队伍迅速成长壮大

4. 开展群众业余活动

5. 全国少数民族群众业余观摩演出会

6. 发展电影事业，建设放映队伍

十三、教育事业方面六块版面

1. 在毛泽东思想指引下向文化科学进军

2. 新型民族教育教师队伍在成长

3. 民办小学

4. 公办中、小学，高等院校

5. 各行各业办学校

6. 业余教育

十四、新闻事业方面四块版面

1. 西藏史上没有新闻事业

2. 建立新闻机构

3. 兴办电信传播事业

4. 出版刊物蓬勃发展

十五、医疗卫生事业方面七块版面

1. 党中央深切关怀西藏人民的健康

2. 毛主席派来的好门巴

3. 开展群众性爱国卫生运动

4. 重见光明（一）

5. 重见光明（二）

6. 培养民族医药专业人才

7. 藏医药是祖国医药学的组成部分

十六、体育事业方面五块版面

1. 党中央深切关怀西藏体育事业

2. 中央主要领导同志会见藏族登山运动健儿

3. 积极开展国防体育活动

4. 积极组织群众性体育健身活动

5. 西藏人民的健康水平不断提升

第八陈列室：中国人民解放军进藏部队

“中国人民解放军是中国共产党直接领导下的中华人民共和

国的武装力量。紧紧地和中国人民站在一起，全心全意地为中国人民服务，就是这个部队的唯一宗旨（毛主席语录）”。部队进藏16年来，和西藏人民一起，经过艰苦奋斗，彻底推翻了封建农奴制度，保卫了祖国的西南边疆领土和安全，人民解放军进藏部队是西藏革命和建设的主力军。

本陈列室四大单元，二十七块版面。

第一单元：活学活用毛主席著作，做彻底的革命派

1. 活学活用毛主席著作

2. 用毛泽东思想武装革命战士

3. 为了人民的革命事业

4. 从实战要求出发，从严从难练就硬本领

5. 革命部队兵强马壮、意气风发、斗志昂扬

6. 西藏高原钢铁运输班

7. 风雪线上的查果拉边防部队

8. 横打猛追以少胜多的某部八连

9. 永不褪色的某部红一连

10. 战士在红旗下成长

第二单元：努力建设新西藏

1. 发展生产、巩固边疆

2. 西藏社会主义的农业战线

3. 不怕艰苦、努力筑路，发展交通事业

4. 办好工厂，交给人民

5. 建设营房，边疆为家

第三单元：大力开展群众工作

1. 宣传群众、教育群众

2. 发动群众、组织群众

3、人民战士爱人民，人民热爱子弟兵

第四单元：祖国领土不容侵犯

1. 印军蚕食我国领土，不断进行军事挑衅

2. 忍无可忍、退无可退，我军英勇反击

3. 一切为前方，一切为了胜利

4. 部队打到哪里，人民就支援到哪里

5. 支援前线的模范

6. 宽待印军俘虏

7. 坚守我国政府停火主动后退的决定

8. 保卫祖国边疆的英雄

西藏革命展览馆的兴建，适应当时社会的需求，紧密配合并出色地完成西藏自治区成立期间的交办任务，受到西藏广大人民群众钟爱，荣获中央代表团，各兄弟省、自治区、直辖市民族代表赞誉。大家普遍反映：西藏革命展览馆“不失为一个热爱党、热爱祖国、热爱西藏的教育大课堂”。随着时间的推移，展览馆还办了不少宣传与了解西藏的专题展览，专办了中国革命、中国历史博物馆有关陈列。为纪念总理逝世一周年，在中国革命博物馆复制了《敬爱的周总理》图片、实物展。参观者边看边哭泣，极度思念周总理，特别是感激他对西藏的特殊关怀，纷纷表示：“永远纪念周总理”“永远跟党走”“立志把西藏建设好！”等等。

1975年，西藏自治区成立10周年，为庆祝西藏历史上的光辉节日，西藏革命展览馆除将八个陈列室，经过调整、补充、更

新、提高工作，压缩成四个陈列室，更为主要的是，经区党委和区政府批准，创办了《农奴愤》大型艺术雕塑馆。在区党委宣传部、区文化厅直接领导下，于1974年到1975年用一年半时间，紧锣密鼓地筹办。在北京、西安与沈阳组聘15位雕塑、绘画、设计高人，两度下至西藏林芝、那曲，体验生活、收集素材。经过艰苦创作与布展陈列，将艺术大作《农奴愤》奉献给西藏人民，迎接了西藏自治区成立10周年庆典活动，收到了“一鸣惊人”的社会效果。大家纷纷反馈：与“四川大邑《收租院》雕塑媲美”，甚至认为有过之而无不及，这是对来自内地艺术专家们的豪情盛赞，亦是对西藏革命展览馆人的满怀慰藉。《农奴愤》自展出到撤除展览馆时，一直深受各民族观者的厚爱，据说，至今不少中老年人仍然怀念不已。值得骄傲，西藏革命展览馆人为西藏不忘历史教育与民族文化艺术传承做出的一份贡献！故此，笔者专撰了《〈农奴愤〉——旧西藏封建农奴制度艺术读本》一文。

的确，西藏革命展览馆在为宣传西藏、了解西藏、认识西藏，为展现西藏是祖国领土不可分割的壮丽山河，为继承与弘扬藏民族传统优秀文化，为揭露与批判西藏封建农奴制度、直观百万农奴翻身解放、埋葬旧制度、当家做主、为歌颂进藏人民解放军的丰功伟绩，谱写中华民族平等、团结、进步新篇章，为感恩伟大、英明、正确的中国共产党的坚强领导等方面，都耀眼于当代人，无疑，亦会影响后来人。今年正好是西藏自治区正式成立50周年，亦为西藏革命展览馆建馆50周年，以此文表达笔者对这个重大节日的祝贺与回望西藏革命展览历程并希冀其长存高原!

西藏文物事业论

（2018年1月）

西藏各民族从哪里来，到哪里去；高原生态、社会生态、人文生态有什么特征、特点、特殊性；西藏各民族、西藏与中华民族、中央政府关系怎么理解，这样三个问题，将铸就西藏长期热门话题与历史底线。齐全丰厚、多彩多姿、价值连城、陈布全域的民族文化遗产之历史实物、文献资料、古迹遗存即西藏文物，可作为人们做出正确思考的决定性的科学质材。

一、文物及文物事业三简议

“文物”一词，我国早在4000年前即见书。近百年来文物话语即在广泛流行。1949年中华人民共和国诞生，中央人民政府制定、颁布与实施了系列文物、文物事业方针、政策和法规。2002年修订后的《中华人民共和国文物保护法》，就其文物范围：（一）具有历史、艺术、科学价值的古文化遗址、古墓葬、古建筑、石窟寺和石壁画；（二）与重大历史事件、革命运动或者著名人物有关的及具有重要纪念意义、教育意义或者史料价值的近现代重要史迹、实物代表性建筑；（三）历史上各个时代珍贵艺术品、工艺美术品；（四）历史上各个时代重要的文献资料以及具有历史、艺术、科学价值的手稿和图书资料等；（五）历史上各个时代各民族社会制度、社会生产、社会生活的代表实物。

“具有科学价值的古脊椎动物化石和古人类化石同文化一样受国家保护。”1979年9月出版的《辞海》除将上述内容记录在案外，还增加了反革命的历史罪证之类（《辞海》第1534页）。

1986年，廖井丹先生在《民族文物》第三期发表的题为《继续加强保护，做好维修管理，充分发挥文物的作用》一文中指出：文物作为人类物质文明和精神文明，不仅从各个侧面、各个领域反映各个历史发展阶段的政治、经济、文化、科技以及社会生活的概况和特征，而且凝聚着每个民族生存、发展过程中形成的共同心理、性格、传统和精神。因而，被视为文明的指标、民族的象征，是爱国主义和民族自信心的重要源泉，从这个意义上说，文物就是民族的传家“宝”，“保护文物就是保护民族的历史、民族的传统、民族的精神，也就是保护祖国的尊严和人类文明”。笔者对此有三点要义理解。

（一）认清文物概念、重点与环节

“最简单的一句话就是凡表现时代性的东西叫作文物……凡具有历史、艺术和科学价值的文化遗产和遗迹、古墓葬、建筑、城堡、炮台、风景名胜、洞穴、崖壁画、动植物、矿物化石，石刻碑碣、名人居处和纪念品，历史的革命的文献、图籍、地方志、档案、手稿、古文字、名画幅，反映社会、经济和政治生活的用具、工具、特产品……的资料和实物都可归纳为文化领域之内。……文物是民族历史纪实的象征，人民创造才能的标志。”文物者，人文之物、文明之物、精神之物。它是古往今来人们在历史长河中不断创造、发展与积累的物质文化和精神文化的遗物、遗存与遗迹，为一个民族文化之晶体遗产，财富载体与密码。

宏观上的文物，规范为可移动与不可移动两大体系命名。纲举目张，微观上则款项繁多、琳琅满目。文物工作开门见山，就是普查、记录、征集、整理、进账、入库，紧接着就是鉴别、定名、分类、评级、立档、收藏、保管，此乃可移动文物作业。不可移动文物另有一套工作程序。诸项工作中，重点与环节似应精准分类、科学收藏、用心护养、科学研究。

（二）认定文物价值作用与属性

“凡文物都有价值。文物的数量及其价值是无限的。……文物不是一般物质，它们具有真实性与时代性，人是创造文化的动物，文化成就，不论是物质的，还是精神的，都是人类创造的结晶和记录。凡是前人所遗留下的宝物、文物都是历史的见证物。都打有历史的烙印，都是不能再生的。”文物价值往昔称有“三性”，即历史、艺术、科学性，其实并非那么简单。历史文物的价值，可谓无穷尽，其核心价值就是政治功能或政治作用。文物的艺术，深含着艺术规律、灵魂洗礼、娱乐观赏、超集商品，其真谛是工匠精神。文物的科学价值，聚焦古往今来人们创造、创建与创新并不断升华的劳动力水平、科学技术水平、生产力质量水平。

论及文物属性，与文物最密切的是物质、民族、历史和文化四种天然属性。自然属性就多了，如时代性、客观性、永续性、典型性、前瞻性、地域性、辖属性、维系性等等。不断对文物价值范围的扩展及深化对文物属性的认识和理解有促进作用，可以帮助人们对文物及文物事业做出重要性评估。

（三）认准文物核心功能开发

文物必是社会历史发展、民族文化繁荣昌盛的正能量，既可帮助人民认识自身的历史轨迹，又可助力人们向前发展。这里除了对文物不断深化认识，更重要的是落脚于文物多功能开发与多方作用。“民族文物，是再现民族历史现象，揭示民族历史发展规律的重要依据。在全国人民开展社会主义现代化建设的今天，民族文物可以帮助本民族认识自己的历史和创造力量，确立历史唯物主义世界观。它可以陶冶人们的性格情操，启迪人们的心灵智慧，给人们以信心和力量，在社会主义物质文明和精神文明建设中发挥重要作用。”从业者，只有下苦功、穷探索、深研讨、广开掘，既可以保护，又可以开发；既注重民族优秀传统永续性传承，繁荣民族文化生活，又不忽视市场经济即文物的经济性。作为文化物质载体的文物，经过创新转化为文化产业，形成现代服务支柱产业是题中应有之义。

二、西藏文物及文物事业开篇简述

西藏文物事业，当然首先是全国文物事业中的珍贵部分，并具有其独特性。

西藏文物应视为民族文物。就目前而言，西藏境内的藏族、回族、珞巴族、门巴族及夏尔巴人、僜人等民族或部族集合体的文物当然是民族文物。

“民族文物所反映的社会性质与民族特点，一般将所谓文物分为考古文物、历史文物、革命文物、宗教文物四类。而民族文物又分为民族历史文物与现代民族文物两项。严格地讲，民族文物仅指我国少数民族的文物而言。而我们所说的民族文物，其范围比此广泛得多。因此，第一，我们所说的民族文化是广义的，不限于国内诸少数民族，第二，即以国内诸少数民族而言，他们的文物也应包括他们的考古、历史、革命文物，然而重点都是那些最具代表性和最能反映这个民族生活特点和文化特征的各种文物。”

西藏的民族文物，相对全国而言，是地方性或区域性综合类文物，总纲两类，可移动与不可移动文物，紧接着就是大概念文物，包括考古文物、历史文物、革命文物、宗教文物、民俗文物以及显示来源的内地文物、外国文物。再往下即是文物款类，最后是文物细目。

文物加上考古一词，在西藏的出现与使用有百余年，仅是原始的、传统的洋人作为，还谈不上科学意义上文物考古事业。西藏各民族文化事业真正起始于20世纪50年代后，真正铺开是60年代初。文物与考古一词的现代含义，无论是外来语还是赋予藏情内涵，形成有西藏特点、特性与特殊事业领域，实属崭新的文化事业。在开创的年代，我们将文物简单地分为一般文物和贵重文物，将藏、汉文献资料亦列入文物范围，所征集到文物近20000件，经筛选为珍品即贵重文物5000件。1961年初，向自治区筹委会申报西藏13个省级重点文物保护单位，国务院批准为9个全国重点文物保护单位。是年，在罗布林卡十三世达赖金色颇章大殿，办起我国首个“西藏是中国领土不可分割的一部分文物陈列”。文物与考古事业在西藏工委制定的“集中起来，保护好”的文物工作方针指引下，西藏文物考古事业旗开得胜。现如今更得到了长足发展、巨大进步，成就斐然、可圈可点！

三、西藏文物事业三大支撑

（一）自然生态

独具地球齐全的山岳、峡谷、盆地、草原、河流、湖泊、沼泽地质构造；土地肥沃、宜于耕作、草原辽阔、水草丰美、优良牧场；原始森林，覆盖半壁，树木多种价值喜人；珍禽走兽，生物多样；特色物种唯藏独有；地藏宝藏应有尽有，珍奇物类富有耀眼；世界屋脊、气象万千、蓝天白云、雪域天地。毫不夸张地说，西藏自然生态占有地球、山圈山系山脉最集中、最高、最大，河流、湖泊、江河流域源头最高、最大、最无污染，地球造山运动最年轻最壮观的天然条件。祖国西藏，地域辽阔、资源丰富、气候宜人、人民勤劳、富有智慧，这些足以为铸就西藏各民族优秀传统文化之纯洁、天然与珍贵民族文物，奠定了自然、物产、优质、保养和珍藏的坚实基础。

（二）社会生态

西藏各民族经历了原始、奴隶封建农奴与半封建半殖民地社会。于1950年，逐步走上社会主义社会历史发展阶段。其中，奴隶制残余留存时间较长，造成封建制欠发达，再加上外来文化负面影响，导致后来产生恶果，造成了几百年的极不景气现象。

据已有考古成就证实，雪域高原数万年前就有人类早期先民生息。数千年前，西藏各民族的先民即繁衍成群体。考古成就加上地面大量、丰富的民族文明足迹，更透视出西藏的原始社会、奴隶制社会是成熟、典型的。进入奴隶制后，与内地联系紧密，政治、经济、军事、文化、制度互动交流、彼此促进。元朝统一中国，泽惠西藏，元中央政府命令莎迦王朝执掌全藏政教事务，并兼管全国释教事职，西藏完全、正式归入元中央政府辖属版图。西藏历史亦初始进入“政教合一”新篇章。其后，元朝被明朝代替，而清朝又推翻明王朝。后续两王朝中央政府袭元制，不断加强对西藏社会的治理管辖。西藏地方与中央政府关系大大好于昔日时代。以1840年为标志，整个中国由古代社会进入到近现代社会。1959年后，更是由于跨越式发展，西藏迈上了社会主义康庄大道。西藏社会的确呈现着良莠不齐的生态：世界上农奴制时间最长、农奴与奴隶被奴役程度最深，世界上宗教影响最强、侵蚀性最深，世界佛教最密集区，世界佛教寺院最多、分布亦最广，世界最高宫殿布达拉宫也在这里。当然，世界近现代社会实现跨越发展最快的也是西藏。由于西藏社会发展具有复杂性、奇特性与神秘性，产生的文化与文化遗产必然具有多样性、厚重性与特殊性，其民族文物的丰富性、功能性和宗教性毋庸置疑。

（三）人文生态

人文“指人类社会的各种文化现象”，语出《易·贲》“文明以止，人文也。观乎天文，以察时变；观乎人文，以化成天下”（《辞海》）。文化指“文治和教化……文化内辑，武功外悠，今指人类社会历史实践过程中所创造的物质财富和精神财富的总和，也专指社会意识形态”（《辞海》）。看来，人与人、人与物、人与自然间的文化现象，社会人的素质、世界人的文化环境、民族间的文明氛围，“天人合一、和谐情感”即为人文。

史上，西藏社会主流是良性、健康与交友的人文生态。其间虽有滞后与非文明，亦未阻止西藏各民族创造出高原特色、多姿与灿烂的民族文化，具体显示在历史文物链条上，同时与中原各兄弟民族久远交往、彼此互学、相互帮衬、文化融合，为中华民族文化艺术做出了历史贡献。进入现代社会主义社会，西藏更是蓝天白云迷人，阳光普照暖人，天地人宁优雅，万物生机勃勃，呈现人间世界多项之最，国际废奴制度最彻底，世界近现代实现跨越式发展最快，建有世界最高最长三条公路，还有世界最高最长的京藏铁路、世界最高文物考古昌都遗址、世界民间文学最长人文画卷《格萨尔》、世界珍藏最多佛教经典《甘珠尔》《丹珠尔》。如此宏伟系列的人文生态、文化乳汁，必然产出难以计量的文物珍宝。

四、西藏文物事业关注三大支柱

西藏文物，运用综合分类法，形成自身分类体系，由大类、款项与细目构成，层次是民族文物：民族、民族支系，分布区域，下为款项：质地、时代、形态、功能、性质、来源，再分即可立政治、经济、文化、军事、生活、习俗、宗教、艺术、文献，最低层次为细目。

西藏文物，门类齐全、结构丰富、特色鲜明、功能显著。笔者认为，在普通关注中，须倾向重点，抓住特色，尤其要关心对文物价值的深化认识，对文物功能作用的开发。考古文物、传世文物和宗教文物，应视为西藏文物的三大支柱，凭此，可以丰富、充实与升华文物的功能作用。

（一）考古文物

含原始、奴隶与封建制各时代的社会历史、其年代可断于1840年，但近现代社会史有关社会发展轨迹史文物应纳入历史文物中。重点是考古文物，因考古文物是西藏得天独厚、仅此一家的考古天地。一是高原"世界屋脊"，二是民族，特殊意义的民族考古，三是人类学考古高原现象，四是连续考古，揭示古往今来，国际民族关系美好与友善的交往。通过加强普查、调研、探挖、发掘、研究、珍藏、开发利用，发现"世界屋脊"人类先民们，西藏各民族是如何产生、发展的。除了继承、丰富与捍卫西藏各民族优秀传统文化，还可走出一条建设青藏高原人类学、民族学学科智库道路。如果通过我们的努力，在考古文物基础上建设起别具一格的“高原人类学博物馆”，那就是了不起的伟业。

（二）传世文物

文物“一眼千年”，正好是对“传世文物”深刻内涵的生动写照。这里所指传世文物，即是西藏自古以来，除继承优秀传统文化之遗物外，主要是西藏各民族与中原兄弟民族、西藏地方与中央政府关系史性质的见证遗物。历史时期，上自隋唐下至中华人民共和国成立。西藏各民族与以汉族为主体的中华民族、西藏地方与中央政府长期交往与融合、朝贡与奉献、封赐与馈赠、减税与免赋，在政治、经济、文化、军事及人员全方位关系珍贵的史迹、遗物及遗存，全可以定为西藏近现代文物之精华，并由此构成中华民族文化基因库。只有“作为传载信息极大丰富的民族基因库，文物……其涉及的学科门类堪称包罗万象。它们含有大量的历史文化信息，不仅可以让我们能摸到那些或神采飞扬，或荡气回肠，或展现凌辱苦难的记忆，而且可以让今人回到过去，找到认识自我坐标；不仅蕴含有博大精深的智慧，巧夺天工的技艺……这是一个厚重而广博的领域……”西藏传世文物珍贵精品，是藏、汉、蒙古、满、维吾尔、回等族人民共同创造的，是中华民族老祖宗留给我们的宝贵财富，是中华民族多元一体形成与发展的文化基因，是中华民族兴旺、发达与强壮的文化密码，是民族团结、祖国统一、领土完整的历史见证物。

唐代与吐蕃时期的代表性文物：松赞干布、文成公主雕像，拉萨大昭寺整体建筑及内涵文物，释迦牟尼佛祖雕像，大昭寺前广场甥舅会盟碑，唐代名画师阎立本所绘唐太宗会晤吐蕃名相禄东赞，琼结县境内松赞干布与文成公主墓址，昌珠寺建筑（文成公主居住过，尚有塑像和从长安带来的古钟），隆子县康托区的龙段乡和聂美乡（曾是松赞干布两位重臣桑扎布、禄东赞故地，他们都为吐蕃强盛、藏汉民族的团结立下汗马功劳）。笔者于1961年和1971年两度考古调查，并呈了文字汇报，还有林芝地区的“赞普赤松德赞证盟辟崖刻石”。

元代与萨迦时期代表性文物：元世祖忽必烈会见八思巴（壁画），元世祖赐封西藏王玉印，元中央封亦思麻儿甘军民万户府铜印，元帝师法旨，元帝师公奇罗古罗监藏班藏法旨，八思巴新蒙古文字，八思巴蒙古文圣旨，萨迦南北两寺建筑遗存，《萨迦班智达贡噶坚赞致乌斯藏善知识大德及诸施主的信》。

明代与乌斯藏各教派代表性文物：明太祖朱元璋（洪武八年）颁给卒尔普寺（即“夏鲁寺”）敕书，明太祖敕封阐化王袭职封文，明封灌顶国师阐化王象牙印，明封如来大宝法王玉印，明封正觉大乘法王玉印。

清代与格鲁派时期代表性文物：清顺治帝与五世达赖会晤场景（壁画），顺治帝为迎接五世达赖兴建的北京黄寺，清中央政府册封五世达赖的金印，清中央政府册封六世班禅额尔德尼金印，康熙帝平定准噶尔侵藏记功碑，乾隆帝击退廓尔卡侵藏记功碑，布达拉宫、扎什伦布寺供奉清代皇帝万寿牌、万岁万万岁牌，乾隆帝颁赐活佛转世“金本巴瓶”，乾隆帝《善后西藏二十九条章程》，中央政府敕封十一世达赖喇嘛、七世班禅金册，中央驻藏大臣衙门（照片），慈禧太后与光绪帝会见十三世达赖场景（壁画）。

民国与噶厦时期代表性文物：国民政府追封十三世达赖喇嘛玉册，国民政府送给九世班禅额尔德尼金印，国民政府加封热振禅师册印，国民政府派专使蒙藏委员会委员长吴忠信看视十三世达赖喇嘛转世灵童拉木登珠（照片），抗英将领莱丁代本召见侵略英军军官场景（照片），西藏地方摄政、司伦给中央国民政府的呈文。

中华人民共和国代表性文物：《中央人民政府和西藏地方关于和平解放西藏办法十七条协议》（藏、汉文本），关于和平解放西藏办法的签字仪式（照片），毛主席设宴庆祝和平解放西藏办法的签订（照片），十四世达赖喇嘛致电毛主席表示拥护十七条协议电文。1955年5月24日，毛主席、周总理、刘主席与十四世达赖、十世班禅共度藏历新年（照片）。1954年，十四世达赖出席第一届全国人民代表大会时，敬献毛主席“千福金轮”底座刻有藏、汉两种文字颂扬铭文；1954年十世班禅出席第一届全国人民代表大会时，敬献给毛主席的“唐卡”，上有藏、汉两种文字“达赖班禅我们亲密地团结起来了”；1965年国务院副总理陈毅宣布西藏自治区筹备委员会正式成立，授予十四世达赖喇嘛“西藏自治区筹备委员会印”，周总理“致电祝贺筹委会成立（文件）”。

上述列举的弥足珍贵的西藏传世文物，若照传统的简化的认定，当属国家一级文物、珍贵国宝。如此，赋予民族智慧、璀璨思想光芒，可以触摸到中华民族情感温度的文物，自当成为西藏文物支柱而给予高度重视。目前，除西藏相关单位珍藏外，尚有不少流散在民间，更有数量不少流失国外，即达赖叛国集团所持的散流于印度、尼泊尔、不丹、英国、瑞士等国的文物。内地如山西、青海、内蒙古、辽宁、河北、北京藏量亦可观。文物工作视野必须聚集，死死盯住它的动态与流向，千方百计地让其物归原主、完璧归赵。笔者于1994年即办理了数千件文物、文献归藏，感觉欣慰！以现有文物为基础，再与故宫博物院、国家博物馆、雍和宫、民族文化宫、中央民族大学，河北承德、甘肃敦煌石窟等文物单位深度协商、合作共享，在拉萨或日喀则建起“西藏与祖国关系历史博物馆”是完全可以实现的，也是很有必要实现的，事关民族认同，事关教育后代，事关国家安危！

（三）宗教文物

关于宗教，马克思主义、中国化的马克思主义，都有精辟经典的论述。马克思认为，“宗教不仅是人的一种异己力量，同时，也是国家本质的异化”，“宗教是这个世界的总理论，是它包罗万象的纲要，它的具有通俗形式的逻辑……”（《黑格尔法哲学批判导言》）中国化马克思主义宗教观，起自毛泽东思想，他认为“文化包括学校、报纸、电影等等，宗教也在内”。在他主持制定有关宗教问题基本观点和政策中提出了宗教“四要素”：“宗教是人类社会发展到一定阶段的历史现象，有它发生、发展和消亡的过程，宗教信仰、宗教情感以及同这种信仰和情感相适应的宗教仪式和宗教组织，都是社会历史的产物。”当代中国化的马克思主义最新发展的习近平新时代中国特色社会主义思想，进一步全面科学地指出“宗教是人类社会发展到一定阶段的历史现象。它是社会意识形态，又是人类文化的重要载体”，“是一种特殊的文化现象”。它还告诉我们“深刻理解我国宗教的积极作用，最大限度发挥宗教的积极作用，浩如烟海的宗教经典，丰富了传统历史文化宝库；智慧深邃的宗教哲学，影响着民族文化精神；深刻完备的宗教理论，强化了某些道德规范功能；异彩纷呈的宗教艺术，装点了某些千姿百态的艺术殿堂；风景秀丽的宗教圣地，积淀为旅游文化的重要资源；内涵丰富的宗教礼仪，演变为民族风情的习俗文化”。这是习近平总书记在2016年4月24日，在全国宗教工作会议上发表的关于宗教问题的论述。通篇闪耀着宗教现代观的思想光芒，正是对西藏各民族所创造的“藏传佛教”的最高赞誉。让我们对宗教（尤其是藏传佛教）这一意识形态的理解与认识，有了更加崭新的方向。我们要更加百倍重视这样的民族文化财富。毋庸置疑，西藏文化宝库中，宗教文物必定是一颗璀璨的明珠。我们有足够的理由将宗教文物事业不断地转化为民族文化事业与产业，为中国特色社会主义文化营养素、资源库，起着适应社会主义社会发展，为中华民族生命共同体、人类命运共同体造福。

西藏的宗教，有着完整的哲理思维、深邃的文化内涵、系统的佛律教规、配套的佛事工具、庞大的佛事团队、严密的组织结构、壮观的寺院宫殿，形成了佛事、教育、文化活动与传承中心。西藏产出多彩多姿、芬芳四溢的宗教文物亦绝非偶然。笔者在西藏从事文物工作的最初几年，90%的时间精力放在各大寺院。1959年平叛，自治区正式成立，几次邀请内地专家进西藏指导工作，亦主要投向布达拉宫、扎什伦布寺、萨迦寺、大小昭寺。一批珍贵文物亦多是在寺院发现、征集的宗教文物，自然是寺院座上客，镇寺宝。

那么什么是宗教文物呢？简言之，凡属宗教信仰、佛事活动、传承经典、执教作用的寺院内一切物品皆可定为宗教文物。宗教文物当然有等级、贵重与功能之分。宗教文物在西藏文物中还具有特殊性：一是文物多样性功能；二是叠加性突出；三是反映西藏地方与中央关系政治性极强，一般都在寺院中，并被称为“圣物”供奉起来；四是“政教合一，僧侣联合专政”的历史文物，也是宗教文物重要构成。因此，做好宗教文物工作，就是直接操作民族文化工作，就是执行党的民族政策与宗教政策的重要途径，就是直接间接干系促进民族团结，维护祖国统一，稳定边疆安全之大局。事实上，将其作为西藏文物三大支柱之一，同样是很有必要的。

西藏宗教文物，同样分可移动与不可移动两大类文物。可移动文物，包括法器、供器、法服、法具、造像、经书、骨器、雕塑、绘画、唐卡、念珠、织品、面具等。细目类，仅法器计有：钟、鼓、钹、锣、海螺、骨号、钢号、银号、唢呐，而鼓中又有大鼓、手鼓、腰鼓、羯鼓、曲桶鼓、皮鼓等。佛像、菩萨像、护法神像、活佛像、佛龛、活佛印、转经筒、念珠、喇嘛服、骨雕璎珞法衣、查玛服、查玛面具、噶巴拉、头骨碗、僧帽壶、甘珠尔、丹珠尔、印经版、舍利塔、净水瓶、熏香炉、经书、经版、木鱼、钟鼓、磬、钢钵、经幢、香炉、灯盏、金刚佛、高僧像、哈达、猎装、菩提子、金刚子、莲子、水晶、珍珠、珊瑚、琥珀、玛瑙、玻璃、象牙、盒木、擦擦、铸像、渝毯、氆氇等。不可移动文物，包括古建、石窟、碑铭、玛尼堆、灵塔等等。

宗教文物中的精华佛塔、灵塔，很有必要作为宗教文物重中之重，日后须予以高度关注与探索。它实际上是人类史上葬制的经典，可与古埃及法老塔媲美。艺术价值似乎胜出古埃及王宝塔，区别在于法王宝塔在露天，较宏大壁厚，而我国西藏灵塔内高层建筑，神秘彩色更浓烈。世界著名的布达拉宫安置了从五世到十三世达赖喇嘛的灵塔，仅缺六世达赖喇嘛的灵塔。塔内珍藏达赖肉体法身，其中，五世和十三世达赖灵塔最高，最豪华。世界还有一著名的扎什伦布寺班禅世系灵塔围群。它由三大灵塔构成：四世班禅、五世班禅至九世五位班禅合葬（即“班禅东陵扎什南捷”）、十世班禅（即“释颂南捷”）三组灵塔，其中以四世班禅和十班禅灵塔最为壮观。尤其十世班禅灵塔极负盛名，为历辈达赖、班禅两个世系活佛灵塔之冠。

五、西藏文物事业发展三要素

西藏文物丰富多彩、琳琅满目。文物事业是西藏文化事业的基本内容与重要基石。西藏地区，远自上古、古代及现代所散布于国内的地上、地下及境外的遗存、古迹与遗产，已铸成西藏独特的文物文化。它是西藏各民族优秀传统文化的基因，是中华民族文化不可或缺的独特内容，是中国文化自信的重要基因之一。维护好、保管好、珍藏好、开发利用好西藏文物，是我们大家的共同使命、政治担当。据此，笔者就西藏文物事业发展提出三要素。

（一）思想意识上树立三个“不要忘记”

不要忘记与时俱进、摒弃陈规、向前开拓、变化眼光、动态思维；不要忘记情感考量，尊重差异关注特殊；不要忘记把握尺度、多方收集、瞻前顾后、严格遵章。

（二）博览群书，丰富知识结构

首先要读中国化马克思主义关于民族问题理论思想原则，读党中央和国务院的民族、宗教、文化、文物、产业、法规诸政策。其次基本通读社会科学类读物，如藏学、国学、历史、考古、民族、人类、地质、社会、宗教、民俗文化、文献、地理、方志、文艺、博物馆等。再次，跟踪阅览现代科学与科学技术包括农业、畜牧、化学、建筑、古建、材料、摄影、影视、音像、光电、光谱、电脑、计算机、大数据、文物保管、金工修复、文献修帧、现代经营与管理等学科。

（三）高度重视人才聚集，加强团队建设

世间万象、为人左右。物为人创造并被人利用。人与物的关系，人是中心，人与物相互依存、发展与变化。文物是一个民族或整个人类知识的重要源泉。文物是文化事业与文化产业的双重资源。贵重文物是民族传统文化的金链条、生命线。文物还是国际交往的重要抓手。这一切，需要人辨析实情、认识国情、判别民情、弄清地情，进而践行深入探索与挖掘、研究与开发。文物欲成“活”物，就是靠人、靠人才、靠人才团队。这就要求文物

主管部门、领导机关，一是倾心关怀、培养、吸收与使用人才。二是高度重视形成以藏族为主体的西藏文物事业特色团队。三是精心投入思想、作风与专业团队建设，构成适用人才、高端人才、学科创新人才、精英管理人才、献身文物事业工匠精神人才系列。

党的十九大向世界郑重宣告：中国已进入了习近平新时代中国特色社会主义的时代。怎么样进入这个新时代呢？是近百年来，中国近现代历史征程经过的三个发展阶段：中国人民站起来、富起来、强起来。历史坐标就是：革命、建设与改革，历史再向后推进30年，中华民族的伟大复兴，将在党和人民手中实现。我们西藏的文物工作，要在这一伟大事业做出更大贡献，其决定因素是加强党对西藏文物事业的坚强领导，聚结全国兄弟民族的关注，把握党的十九大精神，沿着习近平新时代中国特色社会主义思想道路，总结经验、创新思维、善于改革、勇于担当，就一定能不忘初心、牢记使命，将西藏文物事业不断筑起新平台！

后 记

伟大的社会主义国家——中华人民共和国，立于世界民族之林，已整整七十个春秋；“世界屋脊”雪域西藏，民主改革伟大胜利，翻身农奴做主人，已获花甲之年。当此之际，我以《雪域文博选集》（以下简称《选集》），奉献给祖国，奉献给我的第二故乡西藏。

《选集》，是我在西藏二十年从事文博工作的“附产品”。亦即我为人个性、处世品性、事业态度的“纪实”；大事不忘、小事留笔、关注信息的“心记”；自知之后，努力作业，谨慎作为的“足迹”。《选集》的所撰时间，在职与退休后各一半，其中有半数文章分别刊载于国家、省部级刊物与报纸中。实话实说，我的文学素养薄弱，以致《选集》文墨不浓，笔艺欠精，还请读者见谅。

《选集》问世，首先我要感恩党，感恩党的指引、启迪与培育。零岁亡父，三岁离母、八年亡国奴，苦不堪言。回望年少求学路，年已十一岁的我才上小学一年级，十年甲等人民助学金，是党的关怀将我养大。听党的话，不畏艰难，勤于劳作。这一切是党、人民和时代赐予的。

感恩师长、校友、同志、亲朋。更应感恩我的老伴米萃银，当此致歉、致敬！在刘燕、刘峰面前，我是逊色的父亲。他们至少缺失了十几年少年时期的父爱，在此向他们致谢！《选集》的整合、修饰、定格及成书过程，中央美术学院雕塑系博士研究生杜英奇同学付出辛劳，为此深表谢意！

人生最后一公里，活到老，学到老，不负伟大新时代！

2019年元月于北京

主要参考书目

马克思，恩格斯. 共产党宣言. 北京：人民出版社，2015

中共中央文献研究室，国家民族事务委员会. 毛泽东民族工作文选. 北京：中央文献出版社，2014

中共中央文献研究室. 周恩来统一战线文选. 北京：人民出版社，1984

中共中央文献编辑委员会. 邓小平文选. 北京：人民出版社，1983

中共中央宣传部. 习近平总书记系列重要讲话读本. 北京：学习出版社，2014

习近平. 十九大报告. 北京：人民出版社，2017

中共中央党史研究室. 中国共产党历史. 北京：中共党史出版社，2011

张有隽，徐杰舜. 中国民族政策通论. 南宁：广西教育出版社，1992

丁龙召，李晶. 民族理论与民族政策. 呼和浩特：内蒙古大学

出版社，2007
布赫. 民族理论与民族政策. 呼和浩特：内蒙古大学出版社，1995
江平. 中国民族问题的理论与实践. 北京：中共中央党校出版社，1994
翁独健. 中国民族关系史研究. 北京：中国社会科学出版社，1984
黄光学，施联珠等. 新中国的民族关系. 厦门：鹭江出版社，1999
彭树志. 文明交往论. 西安：陕西人民出版社，2002
费孝通. 中华民族多元一体格局. 北京：中央民族学院出版社，1989
［英］马林诺夫斯基. 文化论. 北京：中国民间文艺出版社，1987
徐黎丽. 中国边疆安全研究. 北京：社会科学文献出版社，2016
张镈. 我的建筑创作道路. 北京：中国建筑工业出版社，1994
北京市文物事业管理局. 文物工作手册. 北京：北京燕山出版社，1985
吴师池. 文物学概论. 上海：上海文艺出版社，2002
民族文化宫博物馆. 中国民族文博. 沈阳：辽宁民族出版社，2010
李国清，大丹增. 今日西藏. 北京：中国藏学出版社，1999
西藏自治区概况编写组.西藏自治区概况. 拉萨：西藏人民出

版社，1984

牙含章. 达赖喇嘛传. 北京：华文出版社，2001

江平,等. 班禅额尔德尼评传. 北京：中国藏学出版社，1998

丹珠昂奔. 历辈达赖喇嘛与班禅额尔德尼年谱. 北京：中央民族大学出版社，1998

万胜. 从灵童到领袖——历代班禅秘传. 海口：海南出版社，1996

西藏自治区政协文史资料研究委员会. 西藏文史资料选辑. 北京：民族出版社，1999

《西藏民主改革50年》编委会. 西藏民主改革50年. 北京：中央文献出版社，2009

赤烈曲扎,等. 西藏风土志. 拉萨：西藏人民出版社，1982

黄玉生. 西藏地方与中央政府关系史. 拉萨：西藏人民出版社，1995

王贵,等. 西藏历史地位辨. 北京：民族出版社，1995

郭卿友. 民国藏事通鉴. 北京：中国藏学出版社，2008

西藏自治区档案馆.西藏历史档案荟萃. 北京：文物出版社，1995

［意］G.杜齐，向红笳译.西藏考古. 拉萨：西藏人民出版社，2004

张羽新. 清政府与喇嘛教. 拉萨：西藏人民出版社，1988

吕思勉. 中国通史. 北京：群言出版社，2015

刘昫,等. 旧唐书. 北京：中华书局出版社，1975

欧阳修，宋祁. 新唐书. 北京：中华书局出版社，2003

脱脱. 宋史. 北京：中华书局出版社，2004

韩儒林. 元史. 北京：中国大百科全书出版社，1985

张廷玉. 明史. 北京：中华书局出版社，1974

赵尔巽 . 清史稿. 北京：中华书局出版社，1976

司马光. 资治通鉴. 北京：光明日报出版社，2015

杨成志. 少数民族文物与博物馆座谈会上的讲话.文物与博物馆，2012

吴泽霖. 论博物馆、民族博物馆与民族学博物馆.民族文物工作通讯，1985（4）

李德育. 对民族文物社会效益的探讨.民族文物通讯，1985（3）

杨堃. 谈民族学博物馆学.中国博物馆，1986（1）

李韵. 一眼千年，用时尚打开传统.光明日报“文化记忆”，2017